MONSIGNOR WILLIAM BARRY MEMORIAL LIBRARY
BARRY UNIVERSITY

PQ1628.L24 A67
La Perriere, Guillaume de   010101 000
Le theatre des bons engins, au

0 2210 0057809 8

Y0-CJH-435

LE THEATRE DES BONS ENGINS

Le Theatre des Bons Engins

Auquel sont contenuz cent Emblemes moraulx
(1539)

BY

Guillaume de la Perriere

A FACSIMILE REPRODUCTION

WITH AN INTRODUCTION

BY

Greta Dexter

GAINESVILLE, FLORIDA

SCHOLARS' FACSIMILES & REPRINTS

1964

SCHOLARS' FACSIMILES & REPRINTS
1605 N.W. 14TH AVENUE
GAINESVILLE, FLORIDA, U.S.A.

HARRY R. WARFEL, GENERAL EDITOR

REPRODUCED FROM A COPY IN

AND WITH THE PERMISSION OF

BRITISH MUSEUM

L.C. CATALOG CARD NUMBER: 63-7783

MANUFACTURED IN THE U.S.A.
TYPESETTING BY J. N. ANZEL, INC.
LITHOGRAPHY BY EDWARDS BROTHERS
BINDING BY UNIVERSAL-DIXIE BINDERY

Introduction

Guillaume de la Perrière, "licencié ez droictz" and "citoyen de Tholoze," lived during the first half of the sixteenth century. The date of his birth is unknown; from the evidence of the date 1551 engraved on the page which faces a portrait, in his *Morosophie*, showing him in his fifty-second year, it may be assumed that he was born in 1499; he must have died in Toulouse in 1553.

Very little is known of his life. An Act of Legitimation, drawn up in Toulouse in 1565 by special royal permission, establishes that he was a priest and that he had a daughter, Marguerite de la Perrière. At the time she was married to Antoine Noguier, "historiographe de la Maison de Ville" in Toulouse, who succeeded her father in that post. The fact that she was legitimized ten years after la Perrière's death is unexplained; but the long declaration, stressing the girl's right to inherit whatever might be due to her, seems to indicate that la Perrière had means.

The Municipal Records of Toulouse state that he was "prieur du Colliege de Sainct Mathurin." At the time Toulouse, an important educational center, numbered as many as sixteen "collèges," where boys boarded with their masters under the supervision of a "prieur." The post was administrative; the "prieur" enjoyed clerical privileges, although he was not necessarily a member of the Clergy. No more can be gleaned about his life from official sources; whatever else is known about him emerges from his literary work.

La Perrière's friends and circle of acquaintances appear to have been literary. He knew Clément Marot well enough to be invited by him to dinner. When the poet came to Toulouse with Francis I in 1553, Marot sent the following note to la

Perrière: "Demain que Sol veut le jour dominer, Viens Bossons, Villars et la Perrière. Je vous convie avec moy a diner." Boyssonné, the neo-Latin poet and eminent magistrate who numbered Rabelais, Dolet, and Guillaume Scève among his friends, corresponded with la Perrière: the Toulouse Municipal Archives have a Latin letter addressed by Boysonné to la Perrière. Gratien du Pont de Drusac, the author of the notorious *Controverses des Sexes Masculin et Fémenin*, punned in true "rhétoriqueur" style on "incomparable Pierrerie" and "louable Perrière."

References to books la Perrière read as well as the numerous quotations he made in his prose works reveal an indefatigable reader, who kept himself well-informed on new ideas and literary trends. Emblems had just caught the attention of French humanists with the appearance of Alciati's *Emblematum Liber*, first printed in 1531 by Steyner in Augsburg and revised and corrected by Wechel, who printed its first Parisian edition in 1534. Alciati's emblems achieved an immense and immediate success.

As a new genre, emblems had a manifold appeal for humanists who interpreted their pictorial symbolism, much as they interpreted hieroglyphs, as a foreshadowing of universal truths, and who linked the literary conceits of emblems with the rediscovered epigrams of the Greek Anthology. The diadactic purpose of emblems was also in line with their taste for moralizing, which Erasmus' *Adagia* had done much to foster.

Alciati's example spurred la Perrière to emulation; in 1533 he composed fifty emblems which he collected under the title *La Théâtre des Bons Engins* and which he presented to Marguerite d'Angoulême, Queen of Navarre, on the occasion of her visit to Toulouse. This collection does not appear to have been printed, because, as la Perrière states in the "Epistre liminaire," fifty emblems are "demy du nombre prétendu," i.e., half of the "centurie" so fashionable among poets at the time, which he intended to complete. This he did in 1536, and he tells us so in a "Huytain au Lecteur" at the end of the work:

Fut mis à fin nostre present Theatre,
Lan mil cinq cens avecques Trentesix.

The collection of emblems, numbered from one to one hundred, to which one extra unnumbered emblem was added, was printed in a so-called naked or unillustrated edition "A la Marque d'Icare" without date or place. Both Brunet and Emile Picot date that edition as being in 1536; a copy of this edition is at the British Museum (Ref: 12314 aaa 5). In January, 1539, the Parisian printer Denis Janot issued the first illustrated edition of the work; a copy on vellum at the British Museum (Ref: C.29 d 4) appears to belong to that edition. Before the end of that same year Denis Janot issued a revised edition, of which the British Museum also has a copy (Ref: 98 a 19). *Le Théâtre des Bons Engins* proved to be a popular book; fourteen editions and reprints appeared within the next fifty years. In 1554 it was translated into Dutch under the title *Tpalays der Gheleerder Ingienen*, printed by Frans Fraet in Antwerp; the British Museum has a copy of it (Ref: 11557 a 49).

In 1586 Geoffrey Whitney published his *Choice of Emblemes,* which marks the appearance of the first book of emblems in England. He included among them nine emblems from *Le Théâtre des Bons Engins.* In 1593 Thomas Combe's translation of the whole collection, under the title *The Theatre of Fine Devices,* was entered on the Stationers' Register, London.

In spite of its numerous editions and reprints *Le Théâtre des Bons Engins* soon became a rare book. The delightful woodcuts are attributed by Didot to the school of Holbein; the borders, as well as some of the illustrations, are reproduced in Gilles Corrozet's emblem book called *Hécatomgraphie* (1540), also printed by Denis Janot. These woodcuts contributed to make of *Le Théâtre des Bons Engins* one of the loveliest books on the market, at a time when printing had reached an excellence not since surpassed. Moreover, unusually fine borders frame pictures and texts alike. These exquisite Renaissance motifs served as pattern-books for the artists and craftsmen — engravers, lacemakers, jewellers, embroiderers — whose ornate artistry decorated the houses, clothes, and furniture of the period. The books, whose precious patterns were literally cut to pieces, were soon irretrievably lost.

However highly we may value the artistic aspect of the book, we should not consider it as a mere picture-book: as noted earlier, the first edition had no illustrations. In it descriptive titles preceded each emblem. Thus Emblem 13 had the title "Les ignorans pourveus de dignitez & richesses," which in later editions was replaced by the illustration of an ass standing on richly ornamented cushions. Emblem 2 had the title "Femme & vin trompent les sages," which was replaced by a picture showing Venus and Bacchus catching Minerva in a net. Thanks to these graphic descriptions in the titles, the unillustrated edition ranked as a full-fledged emblem-book, complete in its dual aspect: the literary and the pictorial.

Although la Perrière claimed to imitate Alciati, he strayed from his model in one important point: Alciati's text was in Latin, but la Perrière chose to use French for the "dizains" of *Le Théâtre des Bons Engins*. This choice gives him the distinction of being the first emblem-writer to use French in his emblems. Gilles Corrozet's *Hécatomgraphie*, for which that claim is sometimes made, followed *Le Théâtre des Bons Engins:* it was published in 1540. One may regret la Perrière's choice, for he was a Latin scholar and his Latin verse is more accomplished than his French verse. This has a certain homely crudeness about it which can scarcely gain it the title of poetry; indeed, the style is formless, full of clichés; the rhythm is often faulty; and the "pointe," that final flourish of wit which concludes the emblem, all too often turns out to be a pointless pun.

La Pierrière adopted the view, current among humanists of his time, that signs held a hidden meaning, a message concerned with moral ideas. Since time immemorial, " ... de toute ancienneté & presque des le commencement du monde, ... " signs were held in "singulière vénération." He names the Egyptians and their hieroglyphs, which Renaissance humanists regarded as ideographic symbols rather than as a script. Emblems, he claims, are such signs; they are the modern hieroglyphs. This approach to emblems accounts for his choice of themes, which all have a bearing on social problems. Of the total of one hundred emblems in *Le Théâtre des Bons Engins*, thirty-four examine the relation between ruler and ruled; two of these (42 and 92) are derived from passages in Machiavelli's book *Le Miroir Politicque*. A few are topical, such as 40 and 75 which refer to Samblançay's execution (9 August 1527).

Forty emblems are satirical, either outright or by implication. They cover all aspects of the social scene: abuse of privilege and position (13), political ineptitude (84), flatterers (94), and the moral vices which usually accompany them: corruption of justice (66), excess and overindulgence (35, 56).

The themes of love and women — distinction is established between the two subjects — inspire fourteen emblems: five of these derive from Petrarchan sources and treat love as a mythological allegory (62, 79); in the remaining nine emblems the theme of women fits in with the medieval tradition of "gauloiserie" (78, 96).

Many emblems reflect la Pierrière's school-teaching experience: his oft repeated advice to persevere in the face of difficulties (19, 67), his indignation at the scholar's humble lot (17, 46), his praise for "l'homme rassis ayant instruction" (85) or for "le doulx fruit que l'on nomme science" (19), as also his scorn for the "dormart" who does no work but trusts to luck, the "dormans" whom he calls roundly "paillars, idiotz ou gourmans" (29).

Indeed, the last emblem of the collection, devoted to the triumph of Diligence over Famine, sums up his scholarly outlook; it also rounds off the "centurie" in true Petrarchan style, an added attraction for the French readers of the period. This emblem is a document of the different states through which *Le Théâtre des Bons Engins* passed before its final completion. In the unillustrated edition, which E. Picot lists as dating from 1536, this emblem is additional to the "centurie" and, therefore, it is unnumbered; in the illustrated edition printed by Denis Janot on vellum in 1539, it is numbered 101 and the text is slightly altered; in the revised 1539 edition the text reaches its final and decisive phase, and the emblem becomes part of the "centurie" as 100. Whitney reproduced and paraphrased this emblem; it also served as a source of inspiration for La Fontaine's fable "La Cigale et la Fourmi."

In 1539 la Perrière published an historical work *Les Annales de Foix*, a compilation of Fuxian history and legends. That same year he was commissioned to write the chronicles of the "Capitouls" or higher municipal officers in the City Council of Toulouse. His chronicles are part of the priceless collection of municipal records of Toulouse, which date from the Middle Ages and extend to the time of the French Revolution. Until 1539 the chronicles had been written in Latin, but, following Francis I's edict of Villers-Cotterets, French became the obligatory language for Parliament and Courts of Justice, and la Perrière inaugurated the new era by using the vernacular. He signed each year's chronicle with his Latin motto "Redime me a Calumniis Hominum," the same motto which is found at the end of *Le Théâtre des Bons Engins*. The only authentic specimen of his handwriting, traced so far, is his signature on a note addressed to the Capitouls and reminding them that he needed the money due to him as payment for writing the chronicles for the year 1550-1551.

La Perrière's other works include three emblem books: *Les Cent Considérations d'Amour* (Lyon, 1543), a collection of love emblems; *Les Considérations des Quatre Mondes* (Lyon, 1552), a collection of religious and philosophical emblems; and *La Morosophie* (Lyon, 1553), a collection of moral and political emblems. He also wrote a prose work *Le Miroir Politicque* (Lyon, 1555).

GRETA DEXTER

Wembley, Middlesex, England
11 January 1962

Le Thea-
TRE DES BONS EN-
gins, auquel sont contenuz cent Emblemes moraulx. Composé par Guillaume de la Perriere Tolosain,
Et nouuellement par ice-
luy limé, reueu &
corrigé.

Auec priuilege.

De l'Imprimerie de Denys Ianot
Imprimeur & libraire.

A monsieur le preuost de Paris
ou son Lieutenant Ciuil.

Vpplie humblement Denys Ianot libraire & imprimeur demourāt à Paris, Comme ainsi soit que ledit supplyant ayt recouuert une petite copie garnie de cent figures & cent dizains appellée le Theatre des bons engins, cōposé par discrete personne Guillaume de la Perriere Tolosain: Lequel Theatre il feroit uoluntiers imprimer, ce qu'il ne ueult faire sans uostre permission, licence, & congé. Ce consideré, il uous plaise permettre audit suppliant le faire imprimer & uendre: & au moyen que ledict suppliant a frayé & deboursé plusieurs deniers à la taille des figures & pour traictz d'icelles, & qu'encores il luy conuient faire pour les impressions: Il uous plaira permettre audict suppliant deffenses estre faites à tous libraires & imprimeurs & aultres n'imprimer, uendre ne faire uendre desdictz liures aultres que ceulx que ledict suppliant aura fait imprimer, iusques à quatre ans finis & accomplis sur peine de confiscation desdictz liures, qu'ilz auroient imprimez ou fait imprimer & uendus & d'amende arbitraire : & uous ferez bien.

Soit fait ainsi qu'il est requis iusques à trois ans prochainement uenant. Fait le dernier iour de Ianuier, mil cinq cens trente neuf.

I. I. de Mesmes

4

Epistre,

A treshaulte &
tresillustre prin-

cesse, Madame Marguerite de France,
Royne de Nauarre, sœur unicque du
treschrestien Roy de France: Guillaume de la Perriere son treshumble seruiteur.

A iij

Madame, le Philosophe Senecque:Stoicque (auquel sans aulcune controuerse, les doctes attribuent entre les philosophes latins la principaulté de morale philosophie) dit en petites parolles pleines de grande substance: que fortune n'est iamais en repos, & d'aduantaige, qu'elle n'est coustumiere de donner ioye sans tristesse, doulceur sans amertume, repos sans trauail, renommée sans enuie, & generalement aulcune felicité sans infortune, ce que i'appercoy en moy à present uerifié : Car d'autant qu'elle m'a rendu ioyeulx en me donnãt opportunité de faire treshumble reuerence à uostre royalle maiesté: & ueoir toute nostre cité illustrée de uostre tant desirée uenue, de ce qu'elle à bastée icelle, elle m'a rendu grandement marry & fasché ne me donnant loisir de preparer, limer, & parfaire selon ma deliberation, cẽt Emblemes, auec autãt de dizains desclaratifz, & illustrez d'iceulx. Lesquelz des lueur inuention & commencement sont à uous seule tresillustre princesse, par moy uostre hũble & petit seruiteur (telz qu'ilz sont)

consacrez & dediez:Mais pour autant(madame) que uostre maiesté ne me puisse inculper,
d'autant que suyuant l'erreur des Gentilz ethniques i'attribue à fortune,ce que (comme chrestien escripuant à princesse chrestienne) ie doibs
attribuer à prouidence diuine. I'estime que celle
uostre uenue ne dependit onc de fortune, ains
(ainsi que sont tous aultres actes & negoces hu
mains)de seule prouidence diuine:laquelle (comme il est necessaire de croire)fait toutes choses
pour le mieulx:Et que consequemmēt uostre heureuse uenue n'a esté uers moy hastiue que pour
le mieulx.Parquoy(tresillustre princesse) considerant à par moy ce que dessus, me suis enhardy
de uous presenter humblement mesdictz Emblemes, combien qu'ilz n'ayent attainct que iusques
au demy du nombre pretendu,uous pryant(madame)les uouloir(telz qu'ilz sont)receuoir selon
uostre benignité accoustumée, & de tel uouloir,
comme par moy uostre petit seruiteur uous sont
offertz & presentez. Au surplus(Madame)ce
n'est pas seulement de nostre temps que les Em

A iiii

blemes sont en bruict, pris & singuliere uenera-
tion, ains c'est de toute ancienneté & presque
des le commencement du monde : Car les Egip-
tiens qui se reputent estre les premiers hommes
du monde, auant l'usaige des lettres, escripuoient
par figures & ymages tant d'hommes, bestes &
oyseaulx, poissons, que serpentz, par icelles ex-
primant leurs intentions, comme recitent tresan-
ciës autheurs: Cheræmon, Orus Apollo, & leurs
semblables, qui ont diligemment & curieusement
trauaillé à exposer & donner l'intelligence des-
dictes figures Hieroglipbicques, desquelles semblablement, Lucan a fait mention en sa Pharsalie,
& des modernes, l'autheur Polyphile en la de-
scription de son songe, Celien Rodigien en ses cõ-
mentaires des elections anticques. Alciat a sem-
blablemẽt de nostre temps redigez certains Emblemes & illustrez de uers latins. Et nous à l'i-
mitation des auant nommez, penserõs auoir bien
employé & collocqué les bonnes heures à l'inuention & illustration de nosdictz presens Emblemes: & nous reputerons tresheureux si la le-

Eture d'iceulx uous peult donner quelque honneste recreation. Priant dieu Tresillustre princesse, qu'il uueille longuement conseruer uostre saine & bonne pensee, en corps sain.

10

Huytain.

Pierre du Cedre Tolosain à l'autheur du present liure.

Comme le feu qui commence allumer,
   Est ung bien peu pressé de la fumée.
Semblablement enuie a fait fumer
Par cy deuant ta bonne renommée:
Mais à present sera bien allumée,
Par le moyen de ton diuin ouuraige:
Et la lueur en brief temps estimée,
Par dessus tous bons espritz de nostre aage.

12

I.
Embleme.

LE dieu Ianus iadis à deux uisaiges,
　Noz anciens ont pourtaict & trassé.
Pour demonstrer que l'aduis des gens saiges,
Vise au futur, aussi bien qu'au passé.
Tout temps doit estre en effet compassé,
Et du passé auoir la recordance,
Pour au futur preueoir en prouidence,
Suyuant uertu en toute qualité.
Qui le fera uerra par euidence,
Qu'il pourra uiure en grand tranquilité.

14

II.

LE dieu Bacchus en allant a la chasse,
　Trouua Venus, & la uint embrasser,
Puis la pria qu'il luy pleust de sa grace
L'accompaigner, & quand & luy chasser,
Lors d'ung accord pour mieulx le tēps passer,
Tous leurs filletz ailerent si bien tendre,
Qu'incontinent Minerue s'y uint prendre,
Voyre si bien qu'elle n'eut onc passaige,
Pour s'enfuyr ce que nous fait entendre,
Que uin & femme, attrapent le plus saige.

16

III.

Toy qui ueulx uiure au seruice des princes,
Garde toy bien de te iouer à eulx:
Car pour petit, ou pour rien que les pinces
Tu trouueras leur ieu trop dangereulx.
Telz passetemps, sont en fin douloureux,
Et bien souuent grand malheur s'en reueille:
Pour te iouer, cherche bille pareille,
Par ce moyen seras hors de danger:
Qui de touzer le Lyon s'appareille,
Est en peril de se faire menger,

B

18

IIII.

La mouche au laict retourne si souuent
　Qu'a la parfin elle y laisse la uie.
Fol en plaisir s'esgare si auant
Qu'à la parfin de son chemin desuie:
Car uolupté qui les humains conuie
A son festin, pour leur liurer malheur,
Pour tout guerdon, ilz n'en ont que douleur,
Larmes & pleurs font la fin de la dance:
Qui se uouldra garder de sa chaleur,
Euitera mortelle decadance.

　　　　　　　　　　　　B ii

20

V.

Qvi prend le bond, & laisse la uolée,
　　Ne fut iamais tenu pour bon ioueur.
Qui prend le mond, & laisse la ualée,
Ne fut iamais tenu pour bon coureur.
C'est grand abuz de laisser son bon heur
Pour ung espoir de promesse incertaine,
Car mespriser une chose certaine
N'est pas le fait d'ung saige entendement,
Folle entreprinse & gloire trop haultaine
Font tumber l'homme en maint encombrement.

　　　　　　　　　　　　B iii

22

VI.

Masques seront cy apres de requeste
　　Autant ou plus qu'elles furent iamais,
Quand l'on souloit faire banquet ou feste
L'on en usoit par forme d'entre metz,
Cheres seront par force desormais:
Car à present n'est homme qui n'en use,
Chascun ueult faindre & colorer sa ruze,
Trahyson gist soubz beau & doulx langaige:
Merueille n'ect s'y tout le monde abuze:
Car chascun tend à faulcer son uisaige.
　　　　　　　　　　　B iiii

24

VII.

Le feu de glaiue attiſer ne conuient
　Comme l'on lict au dict pitagoricque,
Lequel ainſi que le propos aduient
Sera reduict en ſens alegoricque.
Ce beau pourtraict clairement nous explicque
Que gens irez ne deuons irriter,
Ains que pluſtoſt les deuons inuiter
A bonne amour, par doulceur de parolle:
Car aultrement l'on les fait conciter
Et enflammer plus fort leur chaulde colle.

26

VIII.

Pitagoras au surplus deffendoit
   A tout humain, son propre cueur manger,
Par ce propos (ce dit on) entendoit,
Que pour angoisse on ne doit estranger
Soy de soy mesme: ains soy uaincre & renger,
Ou aultrement ce luy est grand simplesse,
De ce uouloir consumer par tristesse
En lieu de mettre à soulas son estude:
Car chose n'est qui plustost nous oppresse
Que uiure en soing, dueil & solicitude.

28

IX.

Ce mesme autheur, dit en ung aultre endroit
  Que c'est à l'homme une grande folie
Mettre en son doit ung anneau trop estroit:
Car ce faisant trop sottement folie
Le plus souuent le fol soy mesme lye,
Et pour trouuer heur & beatitude,
Laissant franchise, il entre en seruitude,
Ce que ne fait, ne feist onc homme saige:
Ains en usant tousiours de fortitude
Fuyt tant qu'il peult de se mettre en seruaige.

30

X.

DIct d'aduantaige ung mottet d'excellence,
C'est, que sur tout se doiuent les humains
Contregarder de passer la balance,
Suyure le poix iuste, ne plus ne moins.
Et qu'ainsi soit, les monarques Romains
Furent heureux soubz le poix de iustice,
Mais puis que uint en leur cueur auarice,
Et contre droit furent gras & refaitz,
Discord ciuil les mist en telle lice,
Que de leur mains mesmes se sont deffaitz.

32

XI.

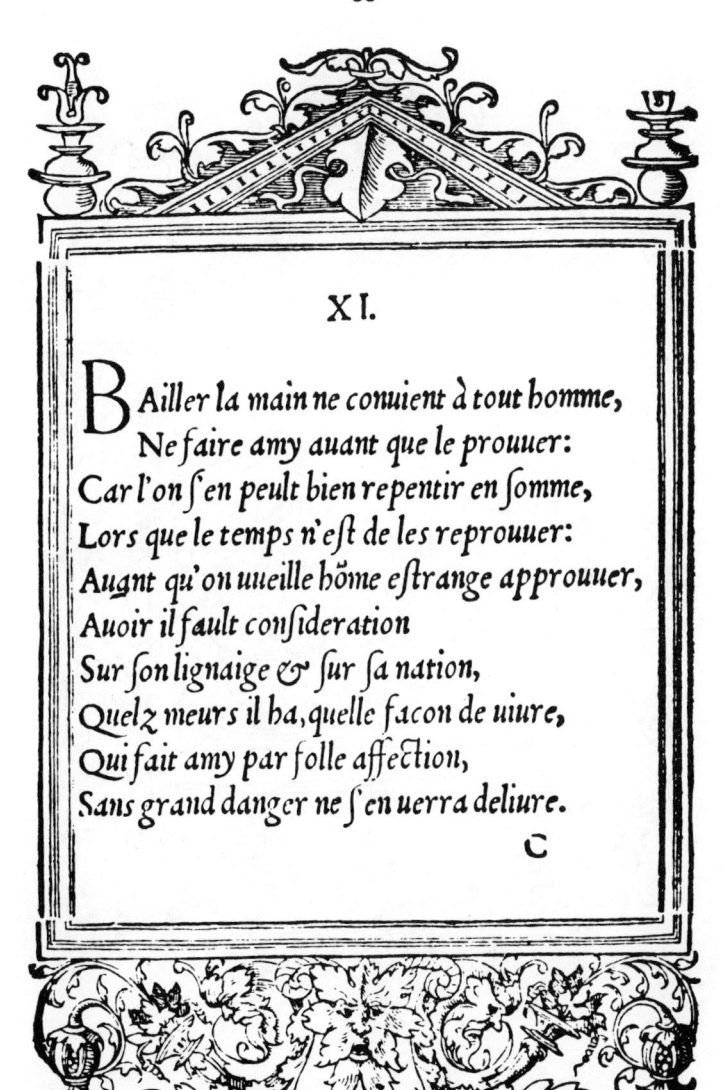

Bailler la main ne conuient à tout homme,
  Ne faire amy auant que le prouuer:
Car l'on s'en peult bien repentir en somme,
Lors que le temps n'est de les reprouuer:
Augnt qu'on uueille hõme estrange approuuer,
Auoir il fault consideration
Sur son lignaige & sur sa nation,
Quelz meurs il ha, quelle facon de uiure,
Qui fait amy par folle affection,
Sans grand danger ne s'en uerra deliure.

C

34

XII.

Pourquoy uoit on ung homme en ſa ieuneſſe,
   Eſtre hazardeux & chauld plus qu'il ne
Et l'hôme d'aage affoibly par uielleſſe   (fault,
   Eſt fort craintif & froid en tout aſſault:
La raiſon eſt,car le ieune à deffault
   D'experience,& pourtant il luy ſemble
Que qui le uoid deuant luy fault qu'il tremble,
   Tant ſe confie en ſon ſens trop haſtif,
Le uieil à ueu tant de malheur enſemble,
   Que par raiſon il doit eſtre craintif.
C ii

36

XIII.

EN Theſſalie on uoit communement,
   Aſnes refaitz & de grand corpulence,
Qui toutesfois ſont lourdz au mouuement,
Et n'ont en eulx que du corps l'excellence:
Ores en à par tout en abondance:
Car maintz lourdaulx aſniers à teſtes groſſes
En pluſieurs lieux portent mitres & croſſes,
Et les cheuaulx fault que portent les baſtz:
Puis qu'aſnerie & dignité font nopces,
Gens literez cherchez ailleurs esbas.

                        C iii

38

XIIII.

Pour peu de cas trebuche foy legere,
   Et pour ung rien soudain amont se lance:
Vne plumette, ung grain de cheneuiere,
Plus poisera, contre elle à la balance.
Garder nous fault que n'ayons accointance
A gens qui sont amys selon fortune.
Vraye amytié, tousiours est opportune:
Et se cognoist en temps d'aduersité.
Les bons amys (selon la uoix commune)
Ne sont cogneuz qu'a la necessité.

                     C iiii

40

XV.

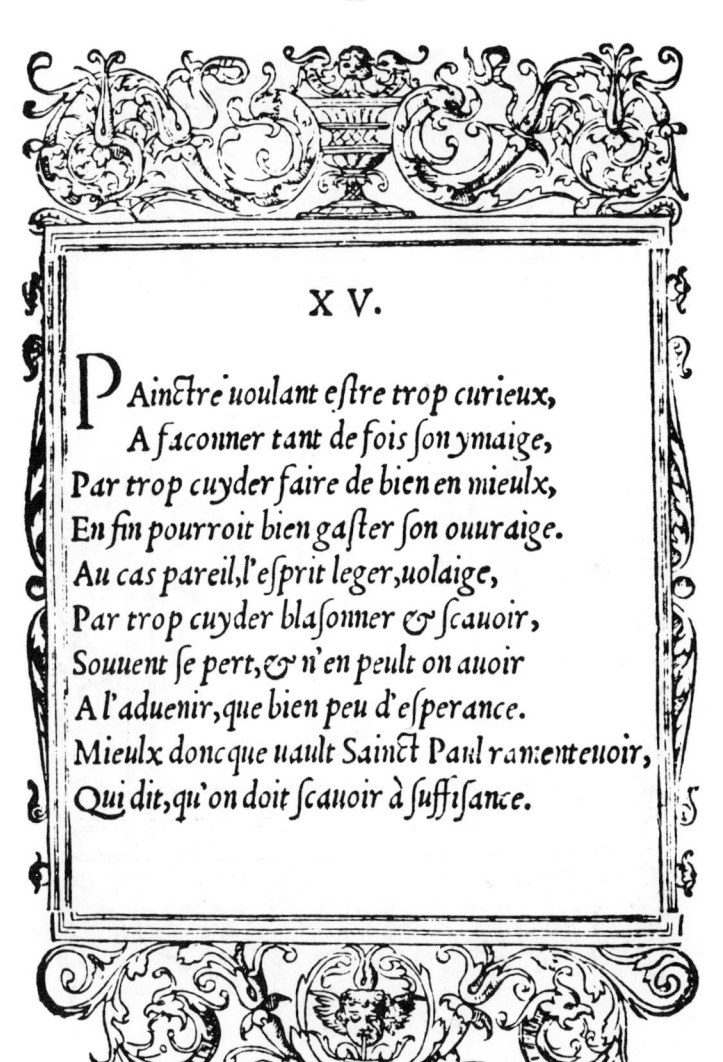

Painctre uoulant estre trop curieux,
 A façonner tant de fois son ymaige,
Par trop cuyder faire de bien en mieulx,
En fin pourroit bien gaster son ouuraige.
Au cas pareil, l'esprit leger, uolaige,
Par trop cuyder blasonner & scauoir,
Souuent se pert, & n'en peult on auoir
A l'aduenir, que bien peu d'esperance.
Mieulx donc que uault Sainct Paul ramenteuoir,
Qui dit, qu'on doit scauoir à suffisance.

42

XVI.

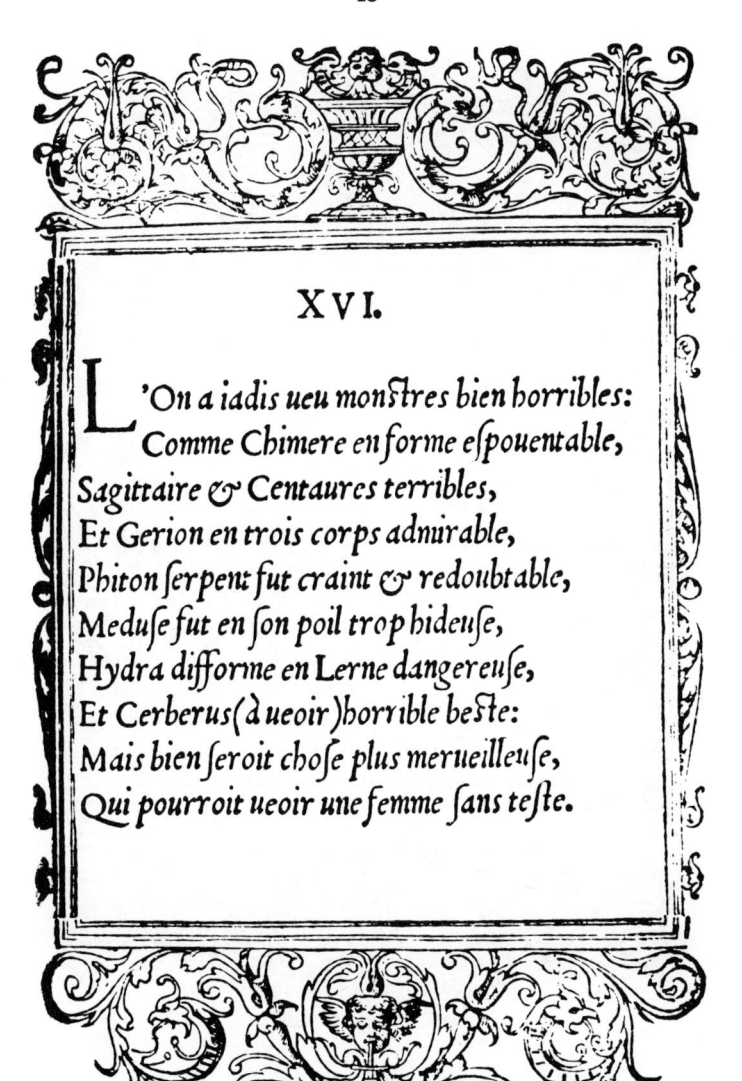

L'On a iadis ueu monstres bien horribles:
Comme Chimere en forme espouentable,
Sagittaire & Centaures terribles,
Et Gerion en trois corps admirable,
Phiton serpent fut craint & redoubtable,
Meduse fut en son poil trop hideuse,
Hydra difforme en Lerne dangereuse,
Et Cerberus(à ueoir)horrible beste:
Mais bien seroit chose plus merueilleuse,
Qui pourroit ueoir une femme sans teste.

44

XVII.

Ntre pourceaulx l'ordure & la fiente,
Plus est en pris que baulme precieulx.
Entre aulcuns, une chose meschante,
Est exaulcée au dessus des neuf cieulx.
Vng idiot, infame, uicieulx,
N'estime rien bonne literature,
Car il hayt gens scauans, de sa nature,
Et n'ayme rien, que se ueaultrer en fange.
Tant que pourceaulx aymeront la pasture,
Gens literez auront temps fort estrange.

46

XVIII.

EN tel eſtat que uoyez, noz anceſtres,
  Dame Venus iadis uoulurent paindre,
Bien cognoiſt on, que les ſouuerains maiſtres
En la faiſant, ne ſe uoulurent faindre,
Et pour l'effet du ſens miſticque attaindre
Par la tortue, entendre eſt de beſoing,
Que femme honneſte aller ne doit pas loing,
Le doigt leue, qu'a parler ne ſ'auance,
La clef en main, denote qu'auoir ſoing
Doit ſur les biens du mary, par prudence.

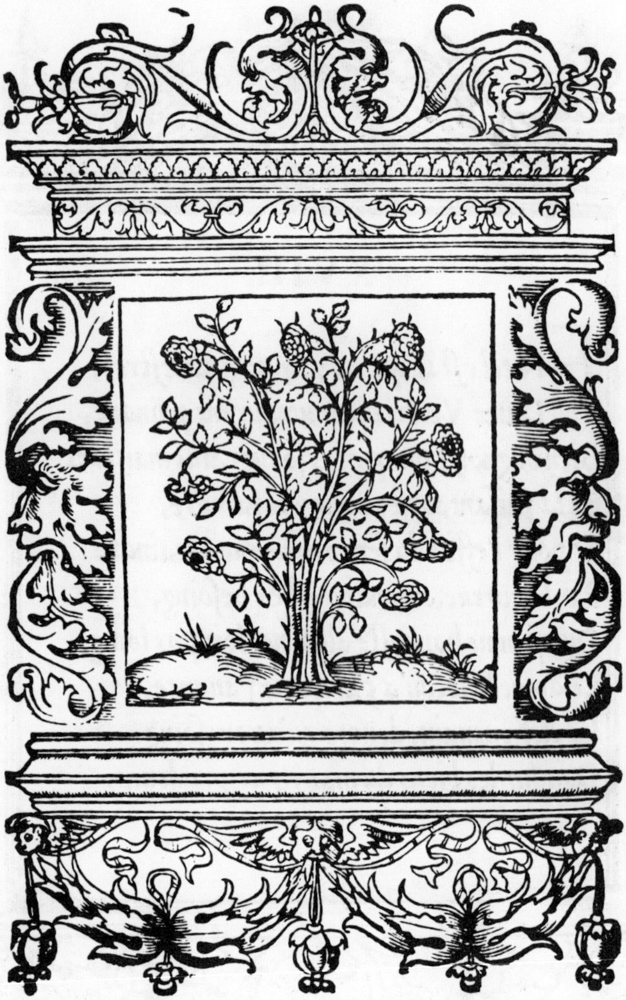

XIX.

La rose sort de l'espine picquante,
   Combien que soit souueraine en ualeur:
L'espine est aspre, à douleur prouoquante,
La rose est doulce, excellente en odeur.
Cecy demonstre à tout honneste cueur,
Qu'apres labeurs, soucyz, peines, trauaulx,
Prins à l'estude, auec dix mille maulx:
Lesquelz fault prendre en bonne patience,
Pour consumer & finir telz trauaulx,
Vient le doulx fruict que l'on nomme science.
                             D

50

XX.

Gens aueuglez, mal cõduictz par Fortune,
Considerez qu'elle a les yeulx bendez:
Non plus que uous, n'y uoid soleil ne lune.
Ie ne scay pas comment uous l'entendez:
A quoy tient il, que ne uous debendez?
Si uerrez bien comme mal uous promene,
Et le pertuys ou tresbucher uous meine,
Gouffre de maulx, & de calamité:
Quand penserez auoir or, & domaine,
Lors uous uerrez en grande extremité.

D ii

52

XXI.

Qui porte espée estant oingte de miel,
   Monstre qu'il est du rang des hipocrites,
Qui soubz doulceur, tiennent caché leur fiel,
En euidence ung iour seront reduictes
Leurs faulcetez, & cautelles mauldictes:
Car tel uerra, qui oncques n'a eu ueue,
Leur espée est bien trenchante & ague,
Qu'ilz ont uoulu en ce point de miel oingdre,
Ce nonobstant, une mouche menue,
Ne lerra pas à les asprement poindre.
                             D iii

54

XXII.

Le lyon est de cueur & de stature,
Fort & puissant, noble, uaillant & preux.
Le regnard est de sa propre nature
En tous endroictz, subtil & cauteleux.
Le prince doit ressembler à tous deux,
Se triumpher ueult par mer & par terre,
En ce faisant il peult grand bruyt acquerre,
Et meriter ung honneur non pareil:
Monstrer se doit (comme uray chef de guerre)
Lyon en force, & regnard en conseil.

D iiii

56

XXIII.

Souuēt pescheurs cuydēt prēdre une perche,
　Qui soubz leurs retz treuuent ung scorpion.
Tel royne & roc pour prēdre(en iouant) cher-
Lequel en fin n'empoigne qu'ung pion,　　(che,
Souuent on ucid ung foible champion,
Qui cuyde bien ung Hercules combatre:
Mais quand se uient sur le point de se batre,
Tant s'esbahist que tout son sens luy fault,
Tout bon esprit pour maint danger abatre,
Ne doit iamais cuyder plus qu'il ne fault.

58

XXIIII.

Pensez si c'est chose tresbien seante
  A ung pourceau, de porter une bague.
Pensez si c'est chose bien conuenante
A ung enfant, de porter une dague:
A ung coquin, de mener grosse brague:
A ung lourdault, contrefaire le saige:
A ung asnier, traicter subtil ouuraige:
A ung gros beuf, presenter des chapeaulx,
Propre doit estre à chascun son paraige.
La bague à l'homme, & le glãd aux pourceaulx.

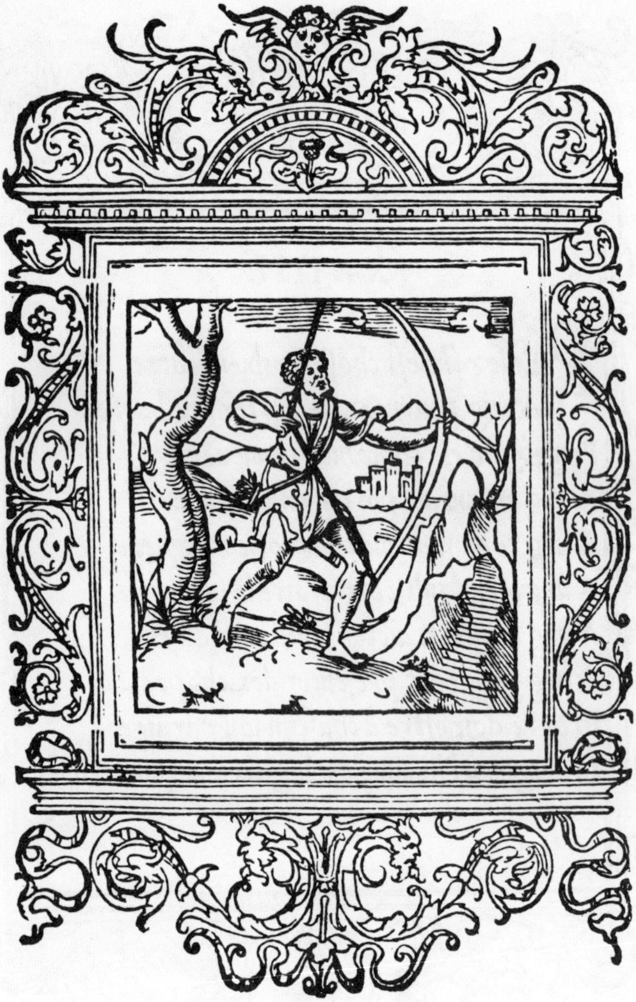

XXV.

Quãd on tiët l'arc (plus qu'il ne fault) tẽdu
 Aux bons effors l'on le treuue inutile.
En ce pourtraict, s'il est bien entendu,
Du cas prendrons demonstrance facile,
A ung chascun est chose difficile
De trauailler, sans prendre esbatement,
Compartir fault le temps condecemment,
Refocillant les esperitz lassez.
Qui ne le fait, aura finablement,
Tant corps qu'espoir affoibliz & cassez.

62

XXVI.

Toy qui te bas à gens forclos d'espoir,
 Trop entreprendz perilleuse bataille:
Car lors qu'ilz sont en instant desespoir,
Leur corps & uie estiment moins que paille.
Tout bon uaincqueur, aux uaincuz chemin baille
Pour s'enfuyr, sans les uouloir presser:
Garde toy donc de trop les oppresser:
Car s'il aduient qu'a les meurtrir t'esbates,
Tu les uerras contre toy radresser,
Les yeulx bendez comme les Andabates.

64

XXVII.

Le roy d'eschetz, pendant que le ieu dure,
Sur ses subiectz a grande preference:
Si l'on le matte, il conuient qu'il endure
Que l'on le mette au sac, sans difference.
Cecy nous fait notable demonstrance,
Qu'apres le ieu de uie transitoire,
Quand mort nous a mis en son repertoire,
Les roys ne sont plus grands que les uassaulx:
Car dans le sac (comme à tous est notoire)
Roys & pyons en honneur son esgaulx.

E

66

XXVIII.

Ieu de fortune est tant impetueulx
　Que les plus haulx souuent elle renuerse:
Mais l'homme saige, en ses faitz uertueulx,
N'est point subiect à sa fureur peruerse:
Car nonobstant qu'elle soit trop diuerse,
Contre uertu n'a uigueur ne puissance.
Par la tortue en auons remonstrance,
Qui sur son corps porte cocque si dure,
Qu'elle ne craint des mouches l'insolence:
Car pour sa cocque ont trop foible poingture.
　　　　　　　　　　　　　　E ij

68

XXIX.

PLustost sera fortune fauorable,
　A ung dormart: à ung roger bon temps,
Qu'a ung esperit gentil & honorable,
Qui trauaillé se sera cinquante ans.
S'elle en a fait iadis de mal contens,
En cest estat, que fera desormais,
Quand elle met (plus que ne feit iamais)
Biens & honneurs au fillet z des dormans?
Et si ne chasse (à present) pour tout mes,
Que pour paillars, idiotz ou gourmans.

E iii

70

XXX.

Qvi ueult la rose au uerd buyſſon ſaiſir,
Eſmerueiller ne ſe doit s'il ſe poingt.
Grand bien n'auons, ſans quelque deſplaiſir:
Plaiſir ne uient ſans douleur, ſi apoint.
Tout eſt meſlé, briefuement c'eſt le point,
Qu'apres douleur, on a plaiſir ſouuent:
Beau temps ſe uoid, toſt apres le grand uent,
Grand bien ſuruient apres quelque malheur.
Parquoy penſer doit tout homme ſcauant,
Que uolupté n'eſt iamais ſans douleur.

72

XXXI.

EN danger est de rompre son espée,
  Qui sur l'enclume en frappe rudement.
Aussi l'amour est bien tost sincoppée
Quand son amy on presse follement.
Qui le fera, perdra subitement,
Ce qu'il deueroit bien cherement garder.
De tel abus, se fault contregarder,
Comme en ce lieu auons doctrine expresse.
A tel effort, ne te fault hazarder,
De perdre amy, quand souuent tu le presse.

74

XXXII.

L'Aigle a le cueur de si noble nature,
   Qu'elle ne ueult contre mouches contendre,
Bien les pourroit mettre a desconfiture:
Mais ce faisant, honneur n'en scauroit prendre.
Tout bon esprit en cecy peult comprendre,
Que contre gens de cueur pusillanimes,
Ne font effors les hommes magnanimes:
Mais aux pareilz taschent liurer la guerre.
D'auoir uaincu gens de tous poins infimes,
L'on n'en pourroit que deshonneur acquerre.

76

XXXIII.

Qui d'ung rasouer la roche cuyde fendre,
N'auance rien, fors que perdre son tēps:
Et le fillet du rasouer fin & tendre:
Gaste du tout en maigre passetemps.
Sur ce notons, que noyses ou contendz
Ne fault auoir, à gens plus fors que nous.
Le rasouer a le taillant mol & doulx,
La roche est dure, & forte à l'aduantaige.
Contre plus fors (comme scauent bien tous)
L'on prend debat, à son tresgrand dommaige.

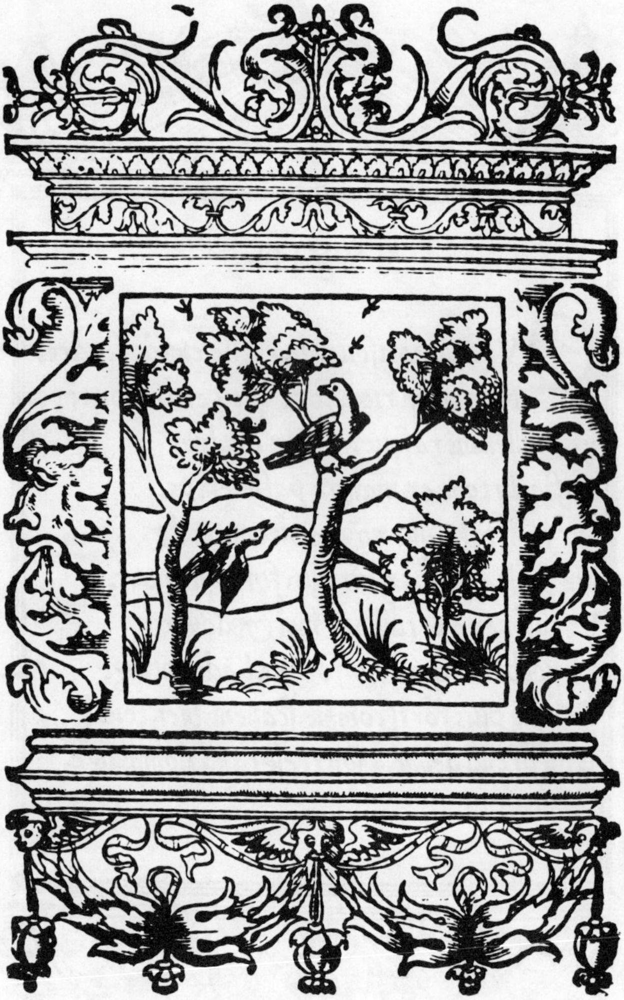

XXXIIII.

Le rossignol de nature a la grace,
　Que tous oyseaulx surmonte en harmonie:
Tant se parforce à chanter qu'il trespasse,
Pour ne uouloir que sa uoix soit bonnie.
Maintz bons espritz ont telle felonnie,
Par le desir d'estre souuerains maistres,
Tant sont apres les proses & les mettres,
Et de scauoir ont si feruente enuie:
Que par uouloir trop se fonder aux lettres,
Finablement ilz y perdent la uie.

80

XXXV.

EN uolupté facilement on entre:
　　Mais on en sort à grand difficulté.
Par trop uouloir obeir à son uentre,
L'on en est pire en toute faculté.
Ce beau propos auons pour resulté,
Du Labyrinthe auquel facilement
L'on peult entrer: mais si parfondement
On est dedans, l'yssue est difficile.
En uain plaisir aussi semblablement
L'on entre tost: mais sortir n'est facile.

F

82

XXXVI.

Qvi cuyde abatre abuz inueteré,
　Est bien frustré de tout ce qu'il pour-
Car si souuent il est reiteré,　　　　(chasse:
Que l'on n'a rien a suyure telle chasse.
Fort fascheuse est, & bien sotte l'audace,
De ceulx qui ont ce lourd entendement,
De prendre aux rez les uentz aulcunement:
Car tout ainsi que cela n'est possible,
Vng uieulx abus changer semblablement,
Sans grand ennuy, on repute impossible.
　　　　　　　　　　　　F ii

84

XXXVII.

Lors que la dame au miroir se regarde,
  Et qu'elle uoid la beaulté de sa face,
Fault que de uice en tant se contregarde,
Que deshonneur à sa beaulté ne face:
Si belle n'est pour lors, fault qu'elle efface
Par ses uertus, le dessault de nature:
Beaulté de corps tourne à desconfiture,
S'elle se plonge en plaisirs reprouuez.
Icy noter peult toute creature,
Que les miroirs à ces fins sont trouuez.

F iii

86

XXXVIII.

L'Oyseau captif & mis dedans la caige,
Ne laisse pas, pour sa captiuité,
De iargonner en son beau chant ramaige,
Soy consolant sur toute aduersité.
Par cest exemple, estre doit incité,
Tout triste cueur, à prendre esiouyssance:
Car à ung mal, tristesse & doleance,
Ne peult donner remede ne secours,
Et si par dueil iamais rien on auance,
Fors que le terme & la fin de ses iours.
F iiii

88

XXXIX.

SI le lyon conduict une bataille,
   Posé qu'il n'ayt auec luy que des cerfz:
Et d'aultre part uient ung cerf qui l'assaille,
Accompaigné de lyons bien expers:
Le seul lyon rendra les aultres sers,
D'autant qu'ung cerf porte leur estendart:
Car gens hardiz, ayans ung chef couard,
En combatant, n'auront iamais estime,
Et gens craintifz se mettront en hazard,
S'ilz sont conduictz par ung chef magnanime.

90

XL.

LE grand larron tasche d'auoir office,
　A celle fin que grands & petis ronge:
Tandis qu'il prend soubz couleur de iustice,
De le punir, le prince pense & songe:
Puis tout soubdain, uient à serrer l'esponge,
En luy ostant le bien qu'il a pillé.
Le larron est du pays exillé,
Decapité, ou peult estre pendu,
Trop peu seroit qu'il fut essorillé:
Car sur la roue il doit estre estendu.

92

XLI.

SI tu te metz à iouer à la paulme,
En te uoulant pour passe temps esbatre:
Ne pense pas que ton compaignon chaulme:
Car de sa part l'esteuf uouldra rabatre.
Penser aussi doit tout homme folastre,
Que si par ieu quelque broquart prononce,
Par ieu recoit la semblable response,
Ne pour cela se doit fort trauailler:
Car en bon poix on uend once pour once,
Pire ieu n'est que mocquer ou railler.

94

XLIII.

SImplicité,selon le temps qui court,
　　Est des meschans reputée pour uice,
Et mesmement entre flateurs de court,
Qui sont plongez au gouffre de malice.
Vng homme simple est reputé pour nice,
Qui ne ueult estre auiourd'huy cauilleux,
Sera tenu,pauure,meschant,pouilleux:
Pour se uestir n'aura ne draps ne linges.
Qui suyt la court en ce temps perilleux,
Il sera lasne,estant parmy les cinges.

96

XLIII.

Vertu de bras fait uoguer la gallée,
Malgré des uentz ses forces & renfors.
Ce que nous fait demonstrance assez claire,
De ceulx qui ont les couraiges peu fors,
Si d'auenture on n'est par ses effors,
Du premier coup paruenu ou l'on tend,
Sans desespoir oste ce que l'on pretend,
Par aultre endroit il fault qu'on y pouruoye:
Car qui ne peult uenir ou il s'attend,
Par ung costé, si cherche une aultre uoye.
G

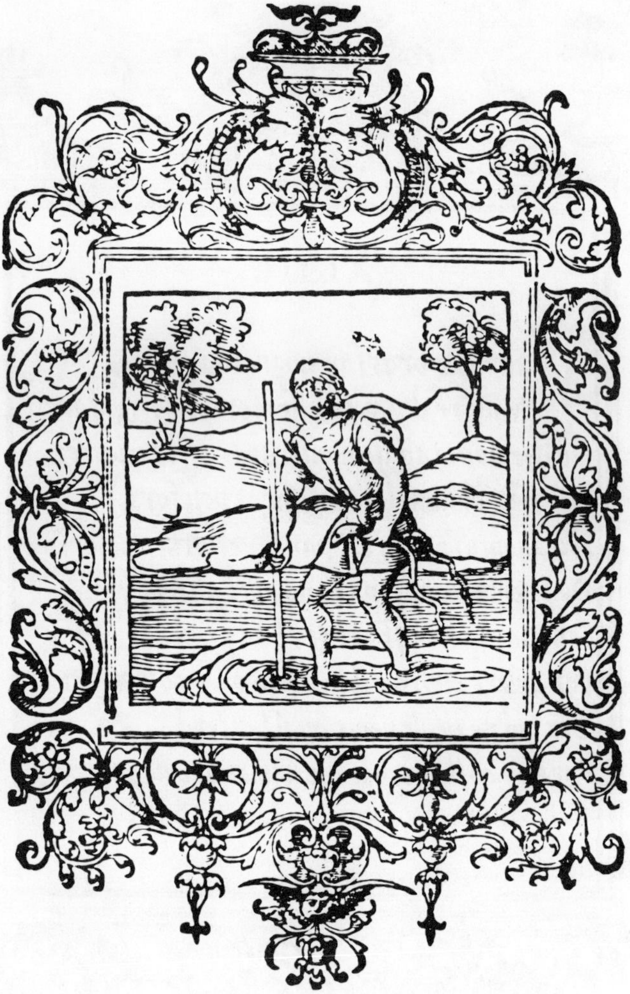

XLIIII.

Ommunement l'on ne prent les anguilles,
Que parauant n'ayt esté l'eaue troublée.
Semblablement en querelles ciuiles,
Les fins larrons se font riches d'emblée:
Lors que par bruyt se fait mainte assemblée,
Pour meschans gens le temps est plus propice,
Sedition estiment sacrifice,
Au monde n'est chose qui plus leur plaise,
En temps de paix, de concorde & iustice,
L'homme meschant ne fait pas à son ayse.
G ii

100

XLV.

FLateurs de court, font par leur beau deuis,
　Pis mille fois, que ne font pas les corbeaulx:
Car le flateur deuore les corps uifz,
Contrefaifant propos mignons & beaulx:
Mais le corbeau ne cherche les morceaulx,
Que fur corps mortz, ou puante charongne.
Le faulx flateur toufiours le uif empoigne,
Pour à la fin le rendre pauure & mince:
De tel babil, & de fi faincte troigne,
Se doit garder le bon & faige prince.

　　　　　　　　　　　G iii

102

XLVI.

Qvi l'os à l'asne,& au chien donne paille,
Monstre qu'il n'est pourueu de grand saigesse:
Car ce qu'il fault à l'ung à l'aultre baille,
En declarant sa folie & simplesse.
Au temps present uoyons telle rudesse:
Car gens scauans, iuuent en indigence:
Les ignorans ont honneur & cheuance,
Ce que deuroit estre tout le contraire.
Plus que iamais(c'est une grand meschance)
A pauureté doctrine est tributaire.

G iiii

104

XLVII.

SI fort le singe embrasse ses petiz,
   Qu'en embrassant il leur liure la mort.
Maintz peres ont si sotz appetiz,
A leurs enfans,que grand malheur en sort:
Par les cherir de fole amour trop fort,
Dissimulant souffrent leur insolence,
Et quand ilz sont sortiz d'aage d'enfance,
Et uenuz grands,ilz sont incorrigibles:
Lors n'est pas temps que l'on leur crye & tence,
Quand ilz sont cheutz en accidens terribles.

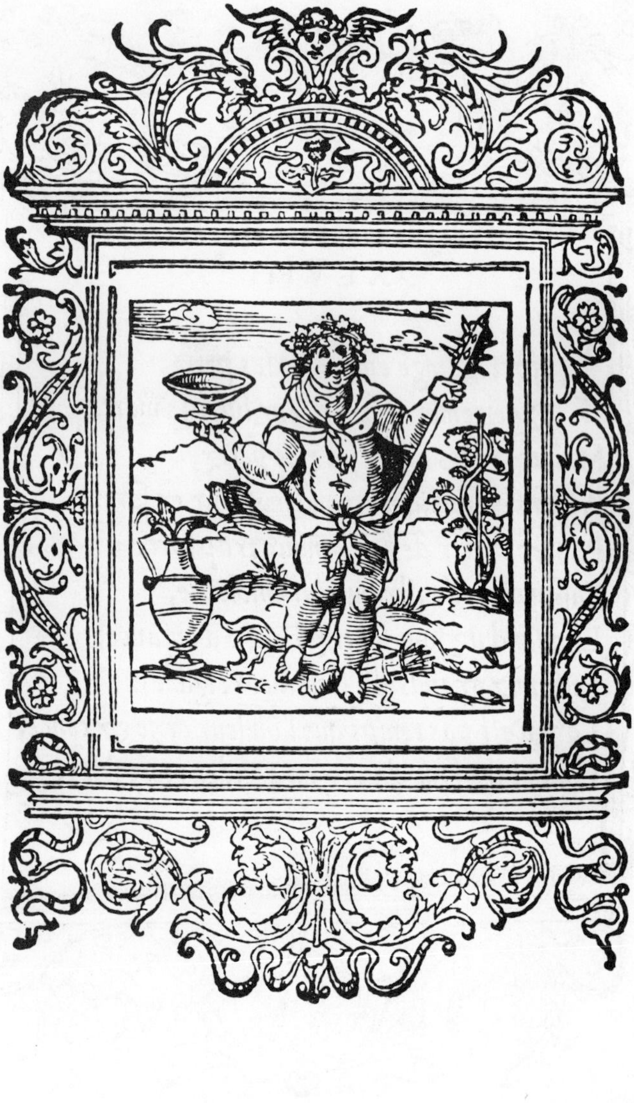

XLVIII.

Bacchus uoulant Hercules contrefaire,
 Se reuestit de la peau d'ung lyon,
Mais il ne sceut si bonne troigne faire,
Que de brocardz il n'eust ung million.
Il ne fault point, selon l'opinion
Des anciens, son naturel deffaire:
Le fol peult bien du saige contrefaire:
Mais qu'au parler ne se monstre estre sot:
Le foyble aussi peult bien du uaillant faire,
Et triumpher, mais quand on ne luy die mot.

108

XLIX.

L'Arigne a belle & propre inuention,
    Quãd sur sa toile elle attrape les mousches:
Mais elle est foyble,& n'a protection,
Pour resister aux grosses & farouches.
Au tẽps qui court,gros ne craignent les touches,
La loy n'a lieu que sur pauure indigence,
Les riches ont de mal faire licence,
Pauureté n'a iamais le uent à uoile.
Qu'ainsi ne soit:on uoid par euidence,
Que grosse mousche abbat legiere toile.

110

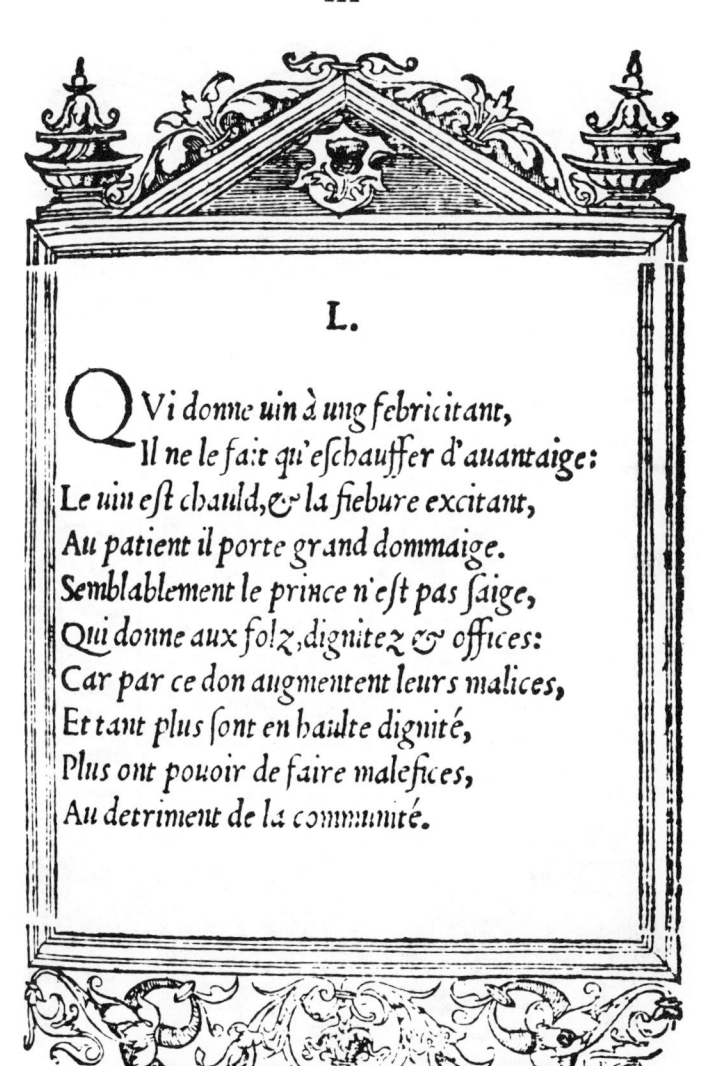

L.

Qvi donne uin à ung febricitant,
 Il ne le fait qu'eschauffer d'auantaige:
Le uin est chauld, & la fiebure excitant,
Au patient il porte grand dommaige.
Semblablement le prince n'est pas saige,
Qui donne aux folz, dignitez & offices:
Car par ce don augmentent leurs malices,
Et tant plus sont en haulte dignité,
Plus ont pouoir de faire malefices,
Au detriment de la communité.

112

LI.

PElerin laisse femme,& filz,& filles,
 Parentz,amyz,pour le pelerinaige,
Affin de uendre au peuple ses coquilles,
En leur monstrant,enseigne & tesmoignaige,
Qu'ilz auront fait aulcun loingtain uoyaige,
Cuydant qu'ung bien il ne sçauroient acquerre,
Plus grand qu'auoir couru par mer & terre:
Mais leur courir n'a pas tousiours tenue.
Bourdon uolant se doit tenir en serre,
Et sur la fin,faire pas de tortue.
        H

114

LII.

A Grand regret & piteux desconfort,
 L'aigle se plainct comme mal fortunée,
Quand d'une flesche on l'a frappée à mort,
Laquelle fut de sa plume empennée.
La personne est bien de malheure née,
Qui de son mal donne l'occasion,
Et qui cause est de sa destruction:
Car d'ung seul coup double douleur recoit.
Auoir fault donc ceste discretion,
D'oster de nous cela qui nous decoit.

H ii

116

LIII.

PEtite tache, ou macule en la face,
   On uoid plus tost, que grande sur le corps:
Le uisaige est ouuert en toute place,
Le corps caché n'est ueu que par dehors.
Par ceste embleme estre pouons records,
Qu'ung petit uice on note plus au prince,
Que l'on ne fait ung grand en homme mince.
En bas estat, uices sont incongneuz.
Roys & seigneurs, en tout regne ou prouince,
S'ilz sont meschans, sont promptement cogneuz.
                              H iii

118

LIIII.

Qvand l'oyseleur ueult beaucoup d'oy-
　　seaulx prendre,
Il fainct sa uoix auec quelque instrument,
Au son duquel uers luy se uiennent rendre:
Par ce moyen les prend facilement.
Flateurs de court, font tout semblablement,
Pour attirer les princes en leurs laqs:
Car pour complaire & leur donner soulas,
Cent fois le iour changent de contenance:
Mais quand le prince est contrainct dire helas,
Il est trop tard d'en auoir cognoissance.

　　　　　　　　　H iiii

120

LV.

A Vng cheual, soubdain & tout d'ung coup,
　　Qui ueult le poil de la queue arracher,
Est temeraire & n'auance beaucoup,
Car ne paruient à ce qu'il ueult tascher,
A homme fol l'on fait son frain mascher,
Et ne paruient à son intention.
L'homme prudent en moderation,
Ce qu'il pretend, fait successiuement,
A l'homme fol precipitation,
Donne trauail, & peu d'auancement.

122

LVI.

Qvand le corbeau degloutit le serpent,
Au goust luy seble ung succre ou uenaisõ:
Mais puis apres grandement s'en repent:
Car le bon goust tost se tourne en poison.
Il fault menger & boyre par raison,
Et soy garder de suffocquer nature:
Car cil qui boit & menge sans mesure,
Va de sa fin tousiours en approchant:
La gueulle fait plus de desconfiture,
Que ne fait Mars de son glaiue trenchant.

124

LVII.

Disoit iadis le bon poete Homere,
 Que Iuppiter biens & maulx compensoit
Esgallement, & la liqueur amere,
Auec la doulce, ensemble dispensoit:
Par ces propos, & tresbeaulx ditz pensoit,
Grande douleur ne se pouoir choysir,
Qu'elle ne fust auec quelque plaisir,
Ne grand plaisir sans quelque fascherie.
L'homme n'a pas tout selon son desir:
Par fois gemist, & par fois fault qu'il rie.

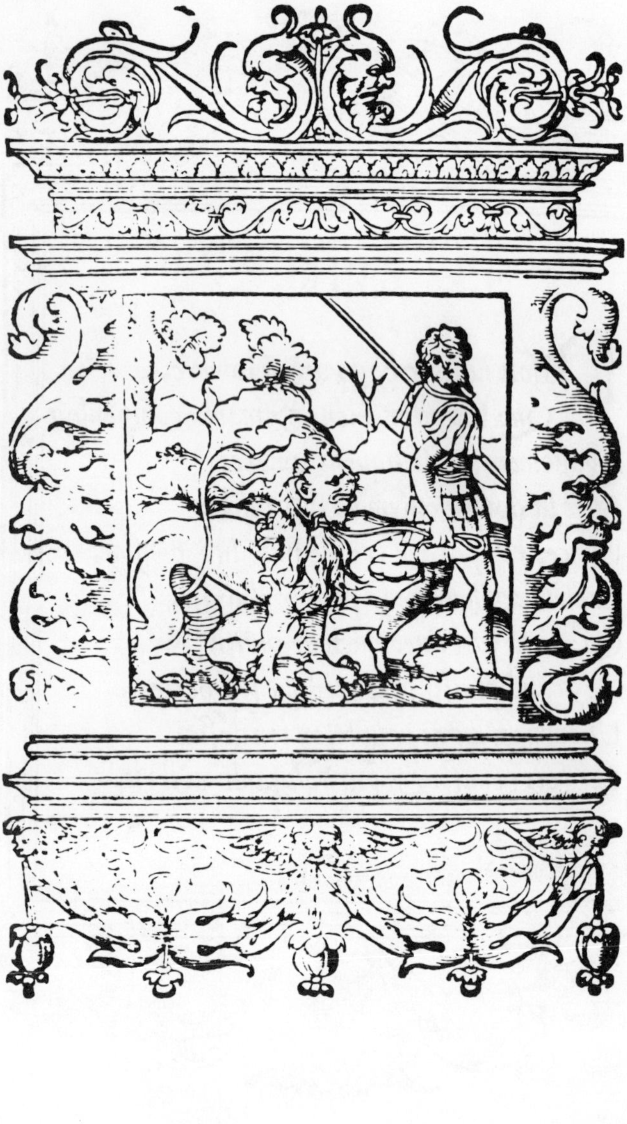

LVIII.

Homme qui à pour uiure à l'auantaige,
 Et suyt la court pour gloire & uanité,
Semble au lyon qui se rend en seruaige,
Qui d'ung fillet est en captiuité:
Pour peu de cas est en perplexité,
Ou il pourroit en liberté se mettre,
Il ayme mieulx estre uallet que maistre:
Combien qu'il peult tost rompre le fillet.
En liberté nature le sit naistre:
Mais uain espoir l'arreste au lieu qu'il est.

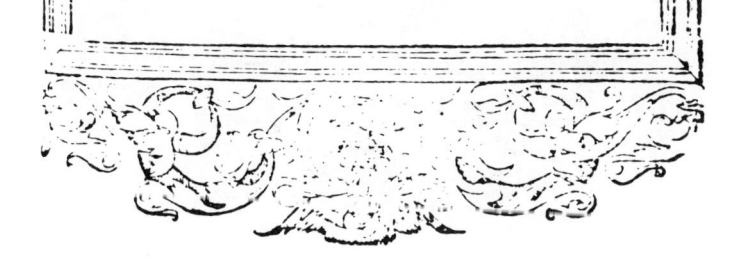

128

LIX.

IL n'est pas temps de iouer aux eschez:
 Lors que le feu te brusle ta maison.
Et quand noz cueurs de douleur sont tachez,
 Musicque & ieux ne sont pas de saison.
Si nous auons negoces à foison,
Fault qu'aux plus grãds uenons à droicte luyte:
Il n'est pas temps d'en faire la poursuyte,
 Quand est trop tard, par effectz euidens,
Raison nous a donné sens & conduicte,
 Pour obuier aux futurs accidens.

I

130

LX.

Qvi d'une masque-entreprend faire peur
  Au fier lyon, bien petit il auance:
Car le lyon a si hault & gros cueur,
Qu'a l'estonner, fault bien aultre puissance.
Semblablement aulcuns par insolence,
Pensent les gens estonner de parolle:
Mais tout soubdain est acheué leur rolle:
Car leurs effectz ne consonnent aux ditz.
Vaine iactance, & menace friuole,
N'esbahiront iamais les cueurs hardiz.

I ii

132

LXI.

L'Homme coulpable, ou bien noté de crime,
Se uoid pareil au lieure en tous propos:
Car il aura le cueur pusillanime,
Et ne pourra dormir de bon repos,
Tousiours craindra que uiennent les supostz,
Pour le liurer aux mains de la iustice.
L'homme innocent, pur, & net de tout uice,
Ne craint l'assault des malings & peruers.
Le lieure monstre à gens de malefice,
Qu'il leur conuient dormir les yeulx ouuertz.
         I iij

134

LXII.

Amour apprend les aſnes à dancer,
Et les lourdaulx fait deuenir muguetz:
Pigner les fait, farder, & agencer,
Par le moyen de ſes ſubtilz aguetz.
Aux endormiz, il fait faire les guetz.
Ruſticité tranſmue en genti eſſe:
Car ſans cela que de ſon traict les bleſſe,
Leur uilanie il conuertiſt en grace.
Cymon iadis en receupt telle adreſſe,
Comme l'on lit aux eſcriptz de Boccace.

I iiii

136

LXIII.

Quel est le nom de la presente ymaige?
  Occasion, se nomme pour certain.
Qui fut l'autheur? Lysipus feit l'ouuraige:
Et que tient elle? ung rasoir en sa main.
Pourquoy? pourtant que tout tranche soubdain.
Elle a cheueulx deuant, & non derriere?
C'est pour monstrer qu'elle tourne en arriere,
S'on fault le coup, quand on la doit tenir:
Aux talons a des æsles? car barriere
  (Qu'elle que soit)ne la peult retenir.

138

LXIIII.

Sur gresle corps, la teste de geant
  Ne conuient pas, & soubz grande stature,
Vng petit chef, y seroit mal seant.
Proportion fait belle la nature.
Tenir ne fault sotte la creature,
Pourtant s'elle a petite & ronde teste.
Ne fault tenir l'homme pour grosse beste:
Pourtant s'il a le chef gros comme ung ueau:
Mais qu'il y ayt proportion au reste.
Le trop gros chef ne fait pas le cerueau.

140

LXV.

LE Cypres est arbre fort delectable,
  Droict, bel, & hault, & plaisāt en uerdure:
Mais quant au fruict, il est peu proffitable,
Car rien ne uault pour donner nourriture.
Beaucoup de gens sont de telle nature:
Qu'ilz portent tiltre, & nom de grand science:
Mais s'il aduient d'en faire experience:
L'on ne cognoist en eulx que le seul bruict.
C'est grand folie en arbre auoir fiance,
Dont l'on ne peult cueillir quelque bon fruict.

142

LXVI.

PRacticiens ont les mains pleines d'yeulx,
  Et uoyent cler, quand on leur fait largeſſe,
Oreilles n'ont: car ſont ſi uicieulx,
Que ſe fier ne ſe ueulent en promeſſe.
Qui uouldra donc euiter leur oppreſſe,
Conuient qu'aux dons il ayt tous ſes refuges,
Quand on leur donne, ilz font par ſubterfuges,
Du droict le tort, tant de raiſon foruoyent.
Au temps preſent maintz aduocatz & iuges,
N'eſcoutent rien, mais prénent ce qu'ilz uoyent.

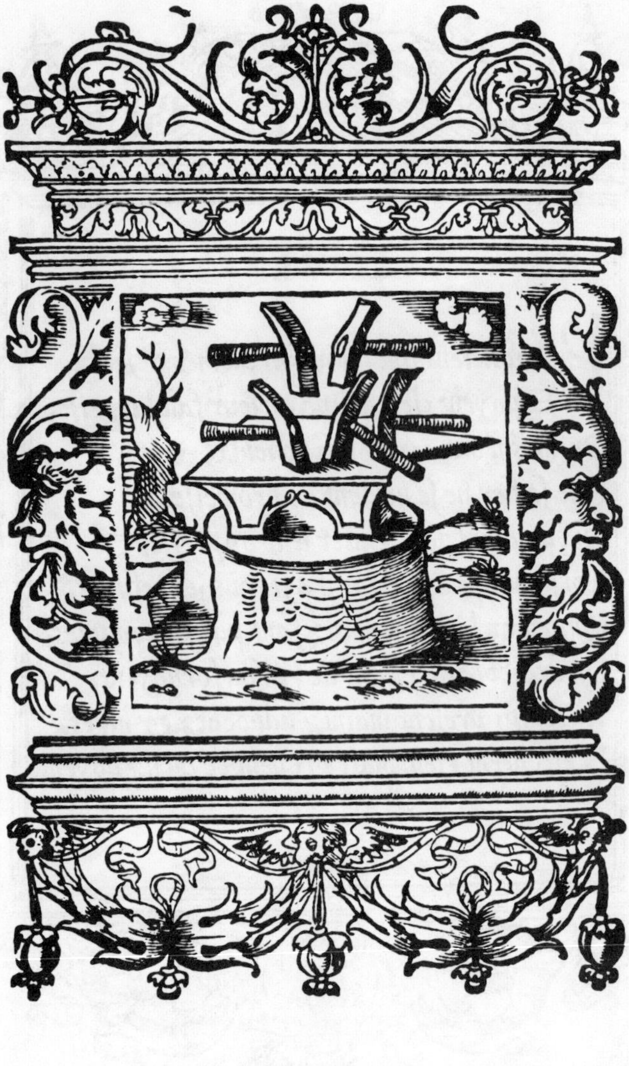

LXVII.

L'Homme constãt est semblable a l'enclume,
  Qui des marteaulx ne crainct la uiolence.
Cueur uertueulx est de telle coustume,
Que de malheur ne doubte l'insolence:
Ne craint fureur, yre, maleuolence,
Contre tous maulx est prompt à resister,
Pour quelque effort ne se ueult desister,
De paruenir en honneur & prouesse.
Constance fait le saige persister
En son entier, & conquester noblesse.

         K

146

LXVIII.

Ieuneſſe eſtant ſur une boulle ronde,
  Ne penſe ailleurs,fors qu'a paſſer temps:
Son ſiege rond,muable comme l'onde,
Monſtre qu'elle a ſes uouloirs inconſtantz.
Les ieunes gens ne ſont guieres contents
De trauailler,ſinon à leurs deſirs:
Leurs uoluptez tournent a deſplaiſirs,
Perte de temps,trop grande ſ'en enſuyt,
Ieuneſſe taſche a tous mondains plaiſirs,
Sans aduiſer que uieilleſſe la ſuyt.
K ii

148

LXIX.

MAint bon autheur, grec & latin declaire,
 Que le chameau ne boit aulcunement,
Quelque eaue que soit, s'il la uoit nette & claire:
Ains de son pied la trouble expressement.
De nostre temps plusieurs semblablement,
Vrais heritiers de la vieille asnerie,
Ayment plustost la rude Barbarie,
Du temps des Gotz que la doulce eloquence,
Et sont plongez en telle resuerie,
Qu'estre eloquent, reputent à meschance.
        K iii

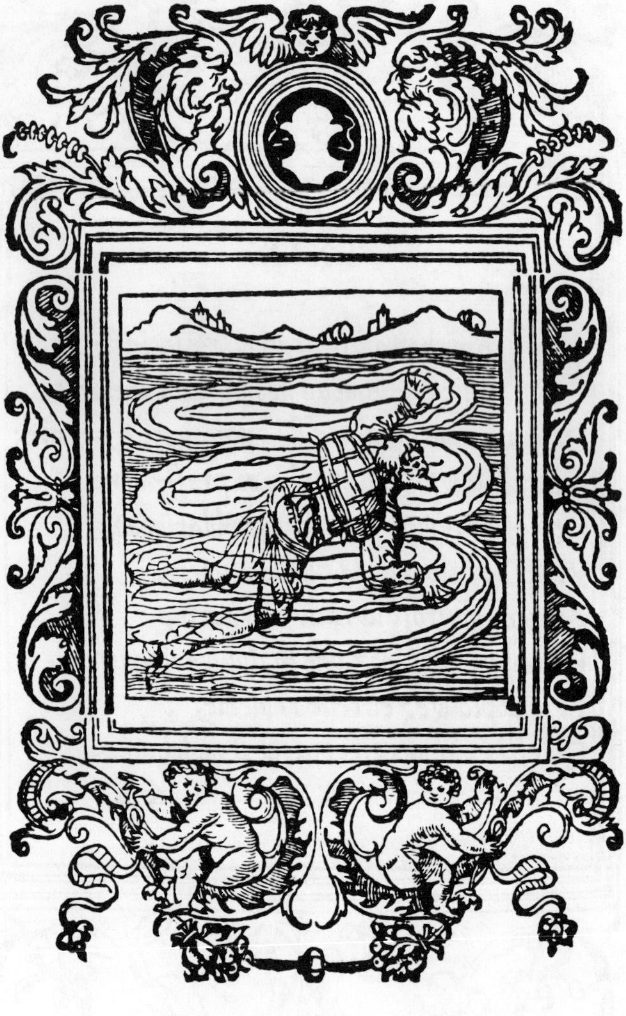

LXX.

COmment peulx tu nager bien à ton aise,
　Chargé de faiz quãd nud te'conuiët estre?
Trouueras tu iamais homme qui s'aise
A son plaisir,si de son corps n'est maistre?
Si uain espoir te lie en son cheuestre,
Te rendant serf pour honneur terrien,
Qu'est ce apres tout,de ton fait?moins que rien:
Car attendant quelque bien transitoire,
Suyuant la court seras plus serf qu'ung chien,
Et si uerras ton espoir frustratoire.

　　　　　　　　　　　Kiiii

152

LXXI.

Aduise bien que le temps ne t'eschappe:
 Il a bonne æsle,& uole agilement.
L'homme rusé subitement l'attrappe,
Et ne le laisse eschapper sottement:
Donc employer le fault honnestement:
Car s'il s'enfuyt, l'attaindre est impossible,
Et pense aussi qu'il ne t'est pas loysible,
Le consumer en faisant grosse chere:
Si tu le perdz, ne te sera possible
De recouurer une chose si chere.

154

LXXII.

La poire uerte aux raydz du chauld soleil,
    Change de goust & prend bonne saueur.
Semblablement le ieune, sans conseil,
Auec le temps, amende sa fureur.
Le temps corrige & change toute erreur.
Le temps est chef des bons apprentissaiges:
Ceulx qui sont sotz, il fait deuenir saiges,
Et leurs raisons trouuer belles & bonnes.
Si le soleil fait meurir les fruictaiges,
Aussi les ans, meurissent les personnes.

156

LXXIII.

FLateurs de court tiēnēt la paſte aux mains,
  A tous uenantz feront des ſeruiables:
Iuſques à tant que par tours inhumains,
Auront ſaoullez leurs cueurs inſaciables,
Pour ſe monſtrer enuers tous amyables,
Ont grand babil,auecques peu d'effait:
Merueille n'eſt ſi leur cueur coutrefait,
A maintes gens reculez en arriere:
Car touſiours ont par leur uouloir infait,
Langue deuant & le cueur en arriere.

158

LXXIIII.

Poour essayer si le pot est fendu,
   Nous y uersons de l'eaue à l'auenture,
Non pas du uin, car il seroit perdu,
Si le uaisseau auoit quelque fracture.
Cecy nous donne expresse coniecture,
Que si uoulons prouuer ung estranger:
Nous luy dirons quelque secret leger,
Pour cognoistre s'il est sobre en langaige:
D'ung grand secret serions trop en danger,
S'il auenoit qu'en parler fust uolaige.

160

LXXV.

SI les lyons que l'on pend en Affricque,
   Font grand frayeur, & peur à leurs semblables:
N'aura pas peur ung gros larron publicque,
Ou thresorier, de ses faitz execrables?
Maintz en sont mortz au gibet, miserables,
Et les plus grands ont commencé la dance:
Gardent soy donc pour peur de la cadance,
Leurs successeurs, d'estre comme eulx meschans:
Car aultrement hault en plaine euidence,
Seront logez, comme euesque des champs.

                                          L

162

LXXVI.

Quand l'homme fol a iouer se hazarde,
Pas il ne pense au mal qu'en peult uenir:
Main liberale au ieu, qui n'y prend garde,
En pauureté fait l'homme deuenir:
Lier la fault, pour mieulx la retenir,
Et conseruer le bien en bons usaiges:
Le ieu met l'homme en perilleux nauffraiges,
Et bien souuent en mortel desespoir.
Les grands meschefz & dangereulx passaiges,
Que l'on en uoid, nous seruent de miroir.

L ii

164

LXXVII.

Qvi plus mettra dans le crible d'amours,
Plus y perdra, car chose n'y profite:
Le temps s'y perd, biens, bagues & atours,
Sa douleur est en tout amer confitte.
Folle ieunesse, & franc uouloir incite
A tel desduict, despendre grosses sommes.
Sur ce penser doiuent bien ieunes hommes,
Que de ce fait, meilleurs n'en peuuent estre,
Et quand n'auront le uaillant de deux pommes,
Ne sera temps leur erreur recognoistre.
       L iii

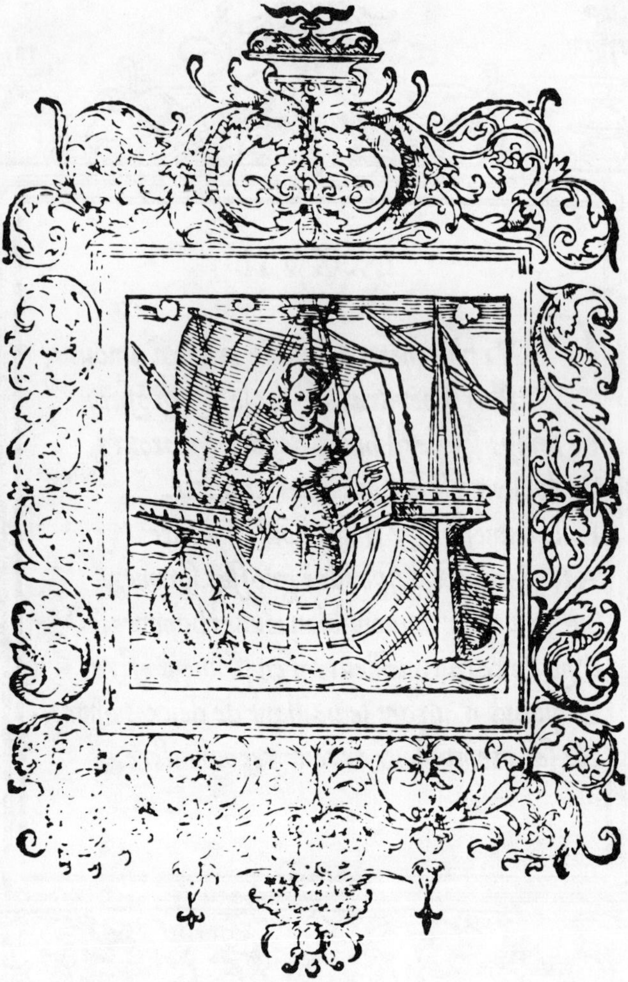

LXXVIII.

Femmes & nefz ne sont iamais complies,
C'est une chose ou l'on doit bien penser,
Quand on les cuyde auoir du tout remplies,
C'est lors le temps qu'il fault recommencer.
Vous les pourriez cent fois mieulx agencer,
Qu'a la parfin uous serez à refaire:
C'est grosse charge & trop peneux affaire,
Voire plus grand encores qu'on n'estime,
Heureux seroit qui s'en pourroit deffaire,
Ou se garder d'entrer en tel abysme.

L iiii

168

LXXIX.

Our folle amour, les suppostz de Venus,
Ont des dangers à milliers & à cens:
Les ungs en sont malheureux deuenus,
Aultres en ont du tout perdu les sens.
Plusieurs autheurs en termes condecens,
De c'ont escript exemples d'importance.
Gardons nous d'onc de sa folle accointance,
Si ne uoulons endurer grandz alarmes:
Car à la fin soubz feu de repentence,
Voyez amour distiller eaue de larmes.

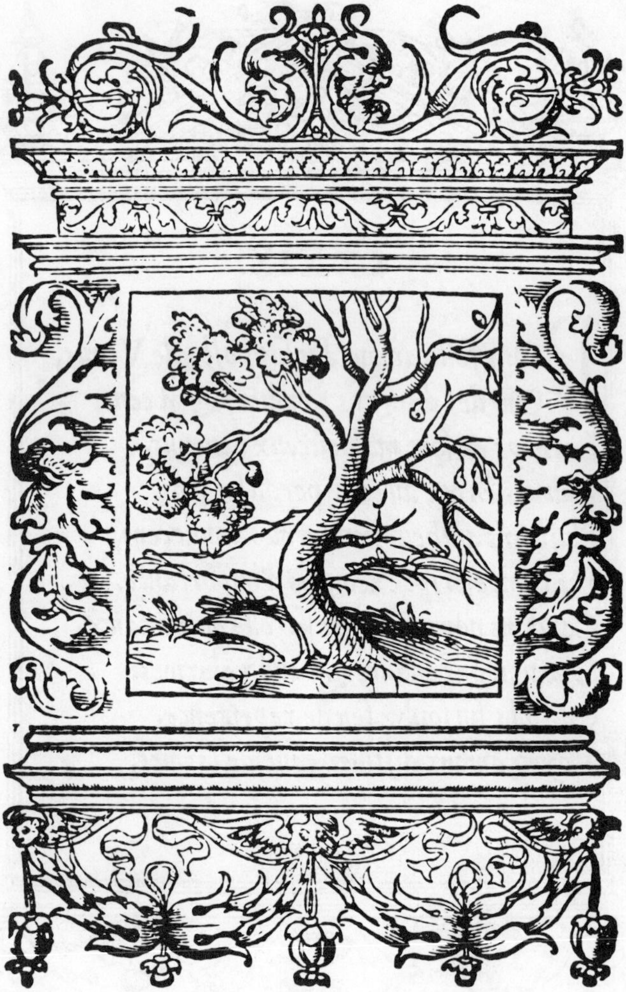

LXXX.

LE fruict d'amours est dur,mol,sec & uert,
Legier, pesāt,doulx,amer, froid & chault,
Secret,commun,affable,descouuert,
Triste,ioyeulx,cler,obscur,bas & hault,
L'ung iour present,lendemain en deffault,
Plein de rigueur,abbreué de mercy,
Rude, amyable,en esbat & soucy:
Source d'aduerse,& de bonne fortune,
Maigre & reffait,gresle,gros,gay,transi,
Droict & tortu,constant comme la lune.

172

LXXXI.

Cvpido scait enter iusques au bout,
   Et se delecte en fait de iardinaige:
Et que plus est, son ente prend sur tout:
Dont est produict diuers fruict & sauuaige,
Tousiours trauaille,& poursuyt son ouuraige,
Sur tous uergers il obtient la regence:
Il n'est iamais noté de negligence:
Ne lascheté,aumoins qu'on le cognoisse.
Il est expert,& plein de diligence:
Mais en tout arbre ente poire d'angoisse.

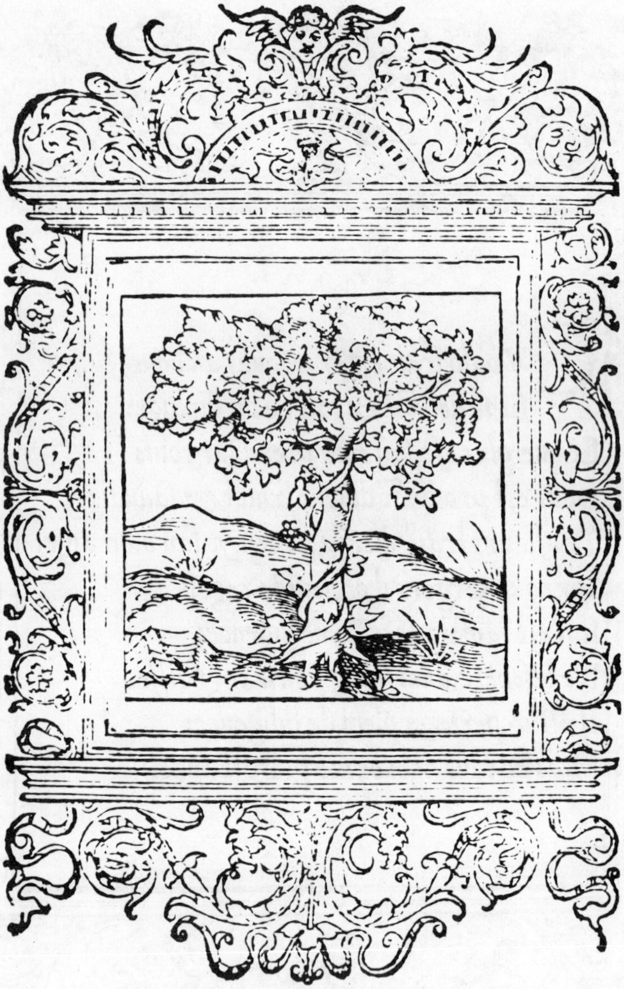

LXXXII.

L'Arbre souftient le lierre en ieuneffe,
 Et l'entretient toufiours par son support:
Mais le lierre eftant creu, l'arbre preffe,
Et fi l'eftrainct par lyaisons si fort,
Qu'en peu de temps la rendu sec & mort.
Vng homme ingrat toufiours auffi meffait,
A celuy la qui du bien luy à fait.
Ingratitude eft ainfi sans raison,
Le lyonneau en fin celuy deffait
Qui le nourrit & tient en sa maison.

176

LXXXIII.

Av temps passé le peuple de Phœnice,
   Feist esleuer une telle figure,
En une place eminente & propice,
Pour apparoistre à toute creature:
Signifiant par icelle painĉture,
Que prudent est qui soy mesme se picque.
Par le serpent fait en forme sphericque,
Nous en auons expresse demonstrance:
Au monde n'est plus seure theorique,
Que de soymesme auoir la cognoissance.
                                  M

178

LXXXIIII.

L'Auſtour pretend de perdrix faire proye,
Et bien ſouuent par les piedz il eſt prins:
Tel cuyde uaincre, & puis crier mont ioye,
Qui au combat eſt le premier ſurprins.
Maint cueur uolaige a ſouuent entreprins,
D'auoir pour rien, querelles & debatz,
Et demander ou preſenter combatz,
Comme trop fol & plus que temeraire,
Qui a grand honte a eſté mis au bas,
Quand penſoit eſtre au deſſus de l'affaire.

M ii

180

LXXXV.

Vng gros canon chargé de peu de pouldre,
Ne peult pousser le boulet si auant.
Moulin à uoile oncques ne uistes mouldre,
Si d'ung soufflet on luy baille le uent.
Cestuy propos te monstre & fait sçauant,
Qu'en toute chose il fault proportion.
Nature fait tout par discretion,
Comme maistresse & mere d'artifice:
L'homme rassis ayant instruction,
Chose impossible, oncques ne mist en lice.

M iii

182

LXXXVI.

Tout bon prelat,doit monstrer la lumyere,
Sur le hault lieu,affin que tous la uoyent:
S'ilz ne le font,ne suyuent la maniere
De tout bon droit,ains de raison foruoyent,
Quãd les plus grãds du droict chemin desuoiët,
A leurs subiectz donnent occasion
De mal faire,& pour l'abusion,
Seront pugniz au respect de leur reng,
Et tomberont en grand confusion:
Car des subiectz dieu requera le sang.
M iiii

184

LXXXVII.

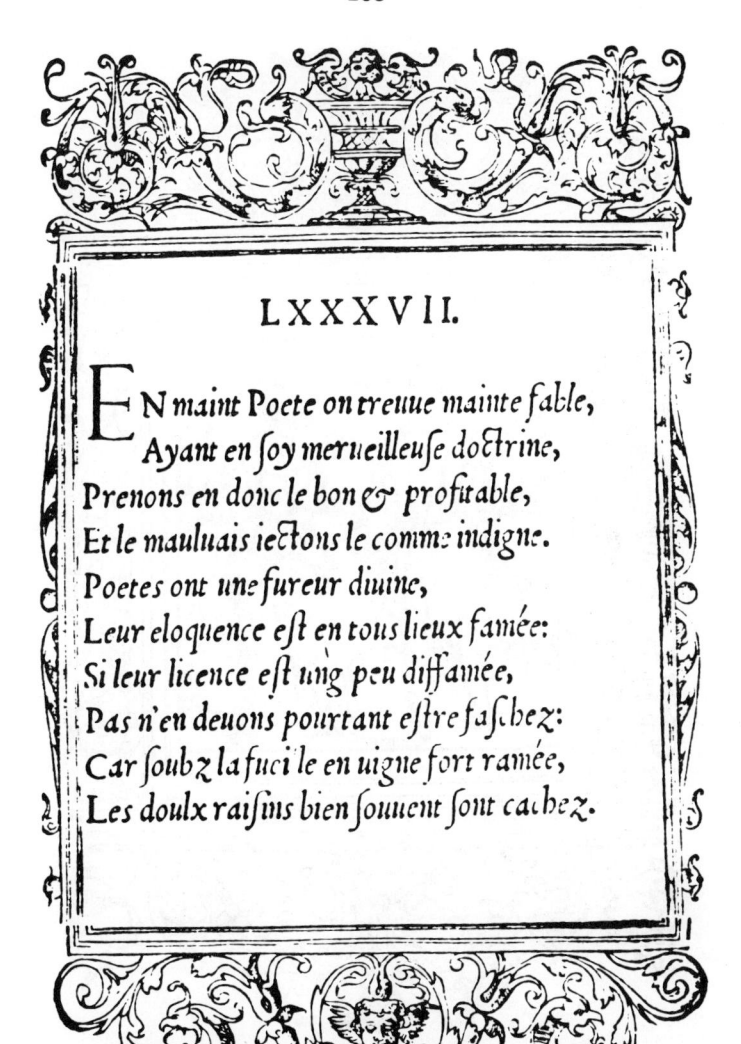

EN maint Poete on treuue mainte fable,
  Ayant en soy merueilleuse doctrine,
Prenons en donc le bon & profitable,
Et le mauluais iectons le comme indigne.
Poetes ont une fureur diuine,
Leur eloquence est en tous lieux famée:
Si leur licence est ung peu diffamée,
Pas n'en deuons pourtant estre faschez:
Car soubz la fueille en uigne fort ramée,
Les doulx raisins bien souuent sont cachez.

186

LXXXVIII.

SI tost se perd(en amours) foy de femme,
  Comme l'anguille eschappe de la main.
Qui plus s'y fonde entre plus fort en flamme:
Car sa cautelle excede esprit humain.
Maint bon autheur, Hebreu, Grec & Romain,
En a d'escript exemples memorables,
Nous recitant que plusieurs gens notables,
Se sont perdus, en si meschant pourchas.
Les femmes sont en caquet tant affables,
Qu'elles nous font prendre souriz pour chatz.

188

LXXXIX.

SI le soleil luyct au droict de ta teste,
   Ton corps rēdra nulle ou biē petite umbre:
Si par enuie auient qu'on te tempeste,
Ta grand uertu te gardera d'encombre,
Vertu reluict à raidz qui sont sans nombre,
Amuchilant l'obscurité d'enuie.
Maulgré fortune, aura tousiours en uie
Cueur uertueux, honneur, loz & support:
Et quand uiendra que du monde desuie,
Sera uiuant en gloire apres sa mort.

190

X C.

Ors que loyseau s'enuole de ta main,
Bien difficile en est la recouurance.
Lors qu'on profere une parolle en uain,
Il n'est pas temps d'en auoir repentance,
L'on cognoistra d'ung homme l'inconstance.
Par ung seul mot, ou bien simple parolle:
Ce que l'ung dit, bien tost à l'aultre uole,
Souuent en uient grand reproche & danger.
L'homme discret pour bien iouer son rolle,
Se gardera de parler de leger.

192

XCI.

Qvand Bucephal se cognoissoit bardé,
   Si fier estoit que plus ne pouoit estre:
Pour lors aulcun ne se fust hazardé,
Le cheuaulcher, reserué son seul maistre.
Par ce pourtraict est donné à cognoistre,
Que gens extraictz de quelque rasse infime,
Si paruenir peuuent à grosse estime,
Si fiers se font, qu'on ne les peult tenir.
Quand pauureté monte en honneur sublime,
L'on ne la peult à peine retenir.

                       N

194

XCII.

Prince qui ueult que ſa uertu fleuronne,
  Et que ſon bruit ſoit en tous lieux famé:
Pour aſſeurer ſon ſceptre & ſa couronne,
Fault que des ſiens il ſoit crainct & aymé.
Par ce moyen ſera bien reclamé,
Et des ſubiectz honoré nuict & iour.
Le lieure crainct, le chien à grand amour.
Deux ennemys, ferme paix entretiennent,
Craincte & amour tiennent roys en ſeiour.
Lieures & chiens les couronnes ſouſtiennent.
N ii

196

XCIII.

Bendé doit estre homme qui se marie:
  Car qui prend femme au souhaict de ses
    yeulx,
Pour la beaulté, de son sens trop uarie,
Dont à la fin est melancolieux:
Les poings liez doit auoir pour le mieulx:
Car ne la doit prendre pour son douaire.
L'homme est bien fol, & plus que temeraire,
Qui par les mains, ou les yeulx prendra femme,
Prendre ou la doit par l'oreille à bien faire,
C'est par bon bruict, par bon renom & fame.

198

XCIIII.

Vces & poulz, les corps mortz abãdõnent,
 Comme priuez de uiure & de substance.
Semblablement les flateurs ne s'adonnent,
Fors qu'a ceulx la qui remplissent leur pance,
Tandis qu'auras biens, honneur ou cheuance,
Mille flateurs auras en ta maison:
Mais s'il aduient que change la saison,
Ou par malheur pauureté te tempeste,
Ilz s'en fuyront de toy comme poyson,
En te laissant tout seul comme une beste.
N iiii

200

XCV.

Ar ung chemin trop fascheux & estrange,
 Si d'auanture aduient que lourdement,
Ton mulet tumbe au millieu de la fange,
Dont il ne peult sortir facilement:
Que feras tu? uers dieu premierement
T'adresseras, implorant son secours:
Mais ce pendent qu'a luy as ton recours,
Metz y la main, auant qu'arrester plus:
Car si premier toy mesmes te secours,
Par luy seras secouru du surplus.

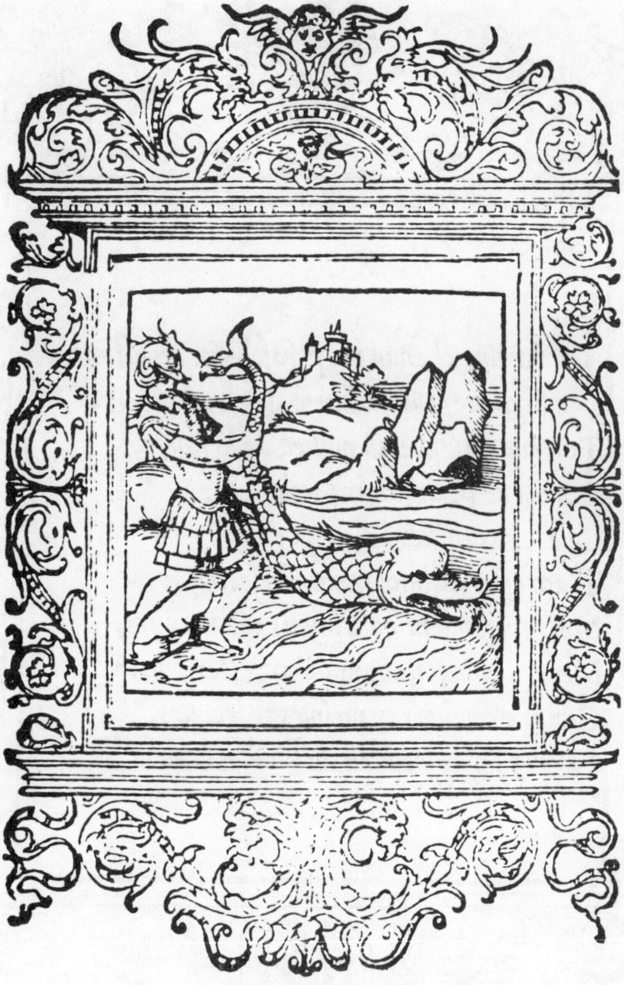

XCVI.

Plus tost pourras arrester le daulphin,
   Que refrener femme de cueur uolaige.
Combien que soit l'homme subtil & fin,
Esprit de femme est rusé d'aduantaige.
Femme ne ueult estre tenue en caige,
Tousiours pretend à usurper franchise:
Quand le mary la cuyde auoir submise
A son uouloir, pensant en estre maistre,
En luy donnant du uent de la chemise,
L'aura soubdain bridé de son cheuestre.

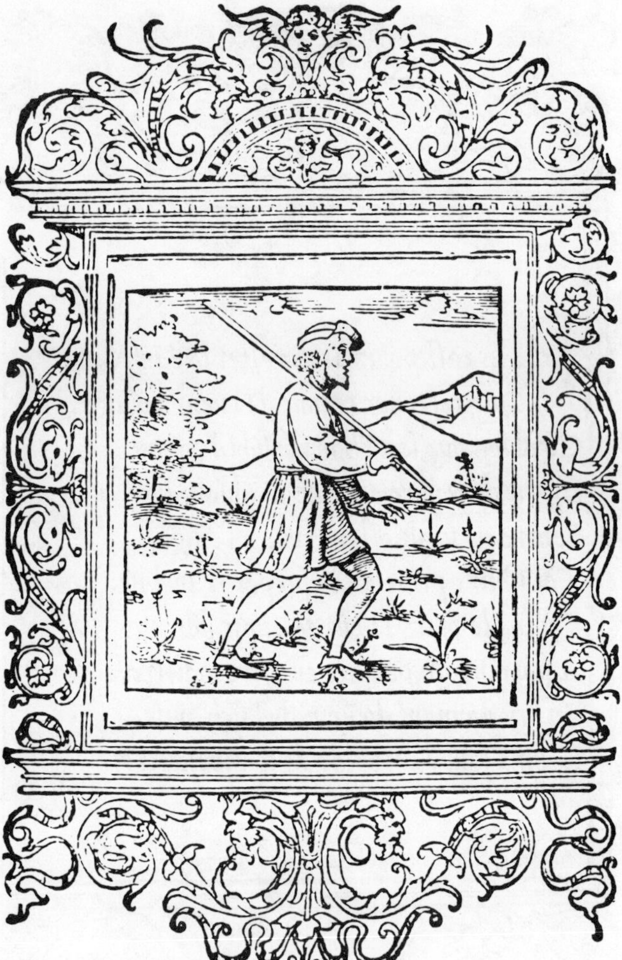

XCVII.

Tant plus des piedz le saffran est foulé,
  Plus il florist & croist abondamment.
Cueur uertueux tant plus est affolé,
Et plus resiste à tout encombrement.
Vertu se preune en mal plus qu'aultrement,
Elle florist en temps d'aduersité,
Si par malheur elle a perplexité:
Lors elle fait plus forte resistance.
Tant plus l'homme est en douleur concité,
Plus a besoing du pauoys de constance.

206

XCVIII.

Qui ueult apprendre a dur entendement,
 De desespoir ne se uoyse faschant:
Mais uoye l'ourse & regarde comment,
A ses faons donne forme en leschant.
Tout bon sçauoir se treuue en le cherchant,
Par artifice on a ciuilité.
L'esprit humain par imbecilité,
Des sa naissance est mal instruict & rude:
Mais l'on polit telle brutalité,
En luy baillant doctrine par estude.

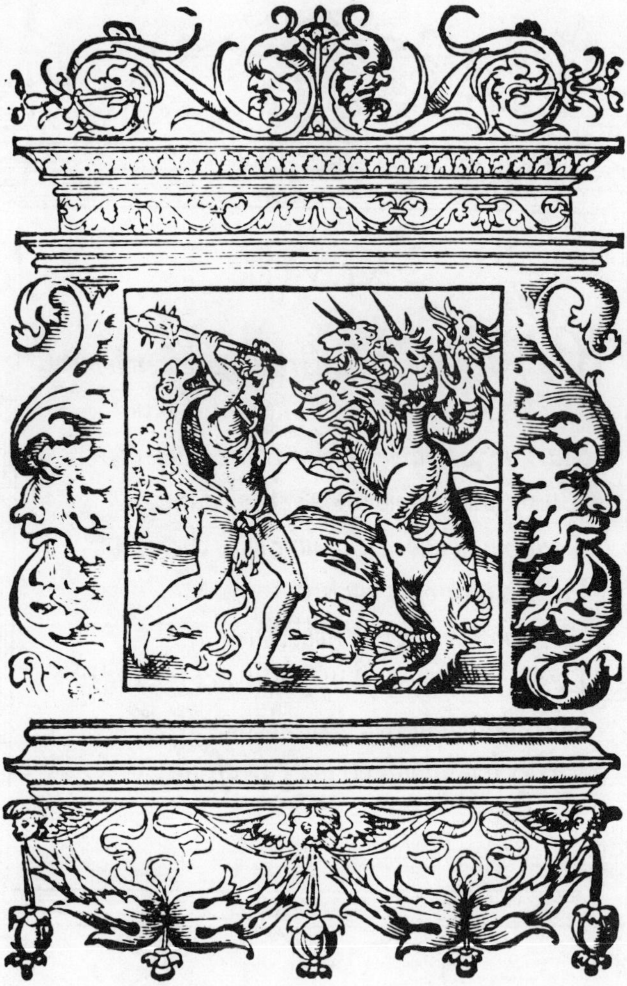

XCIX.

Qũãd Hercules, apres plusieurs cõquestes,
Cuydoit auoir repos de ses labeurs,
Hydra suruint auec ses sept testes:
Renouuelant ses trauaulx & malheurs.
Quand par uertu auons acquis honneurs,
Pensant auoir tousiours paix assouuie,
Quelque meschant suruiendra par enuie,
Pour nous donner plus que deuant affaire:
Tel trauail n'eust Hercules en sa uie,
Ne tel danger, que pour Hydra deffaire.

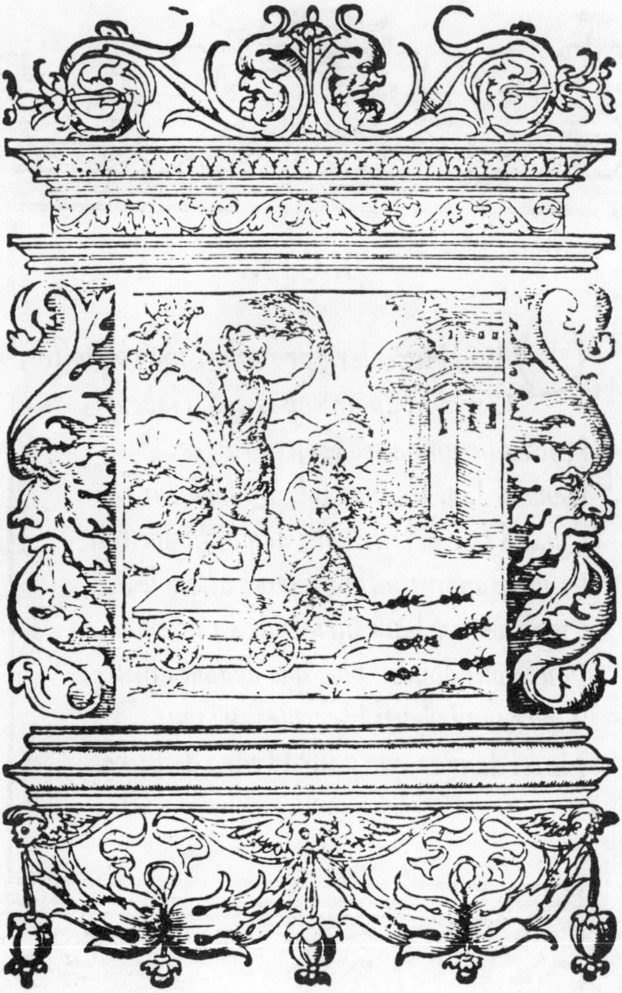

C.

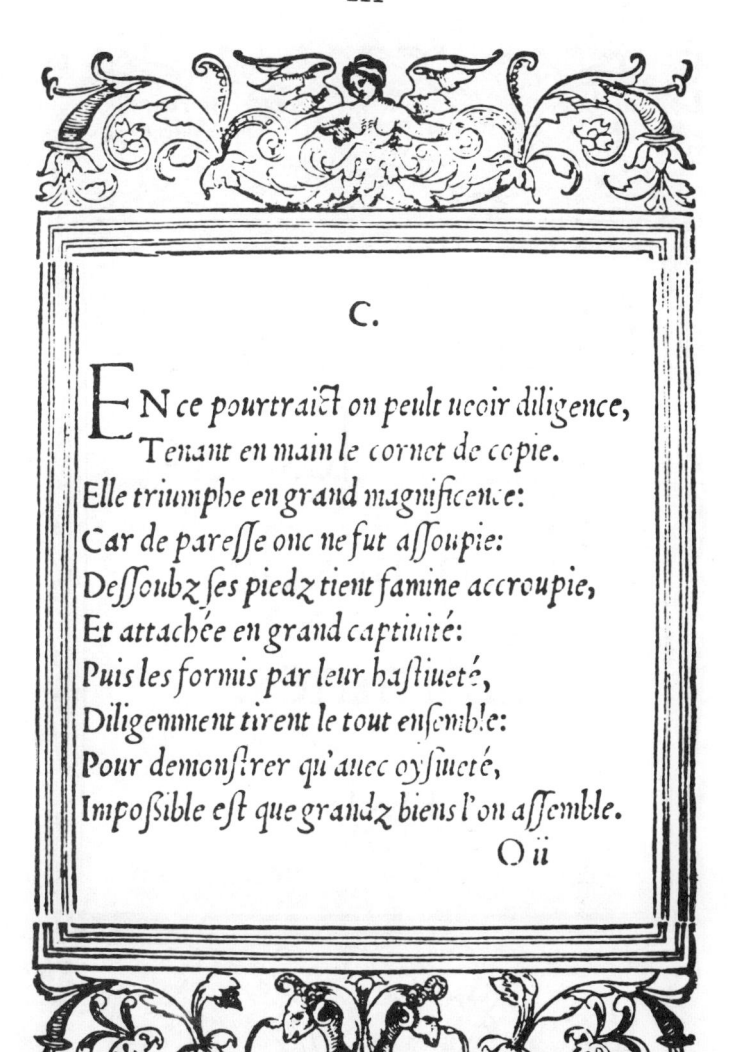

EN ce pourtraict on peult ueoir diligence,
 Tenant en main le cornet de copie.
Elle triumphe en grand magnificence:
Car de paresse onc ne fut assoupie:
Dessoubz ses piedz tient famine accroupie,
Et attachée en grand captiuité:
Puis les formis par leur hastiueté,
Diligemment tirent le tout ensemble:
Pour demonstrer qu'auec oysiueté,
Impossible est que grandz biens l'on assemble.
                              O ii

Deliure moy sei-
gneur des ca-
lumnies des
hommes.

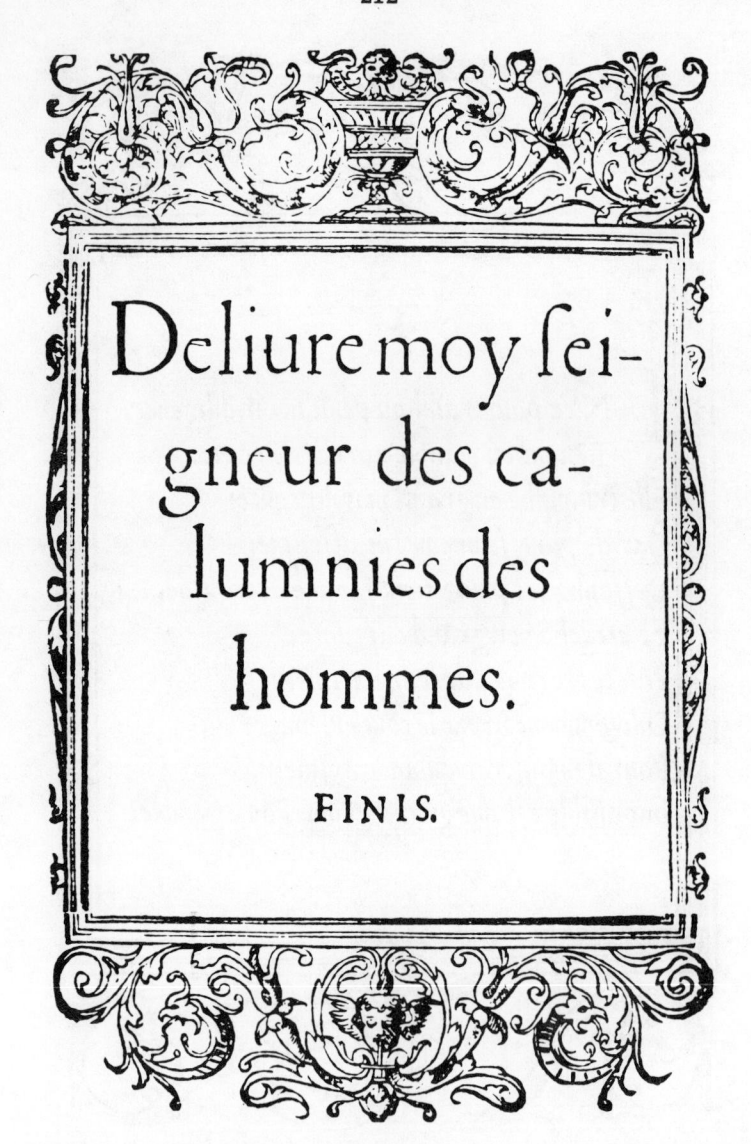

FINIS.

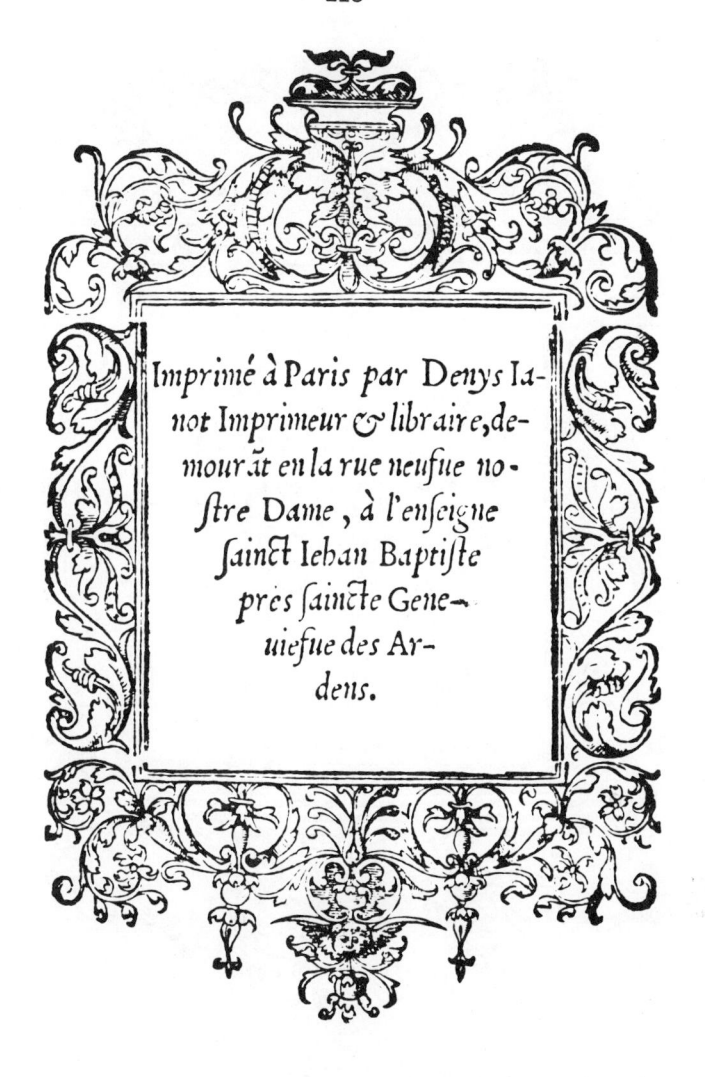

Imprimé à Paris par Denys Ianot Imprimeur & libraire, demourāt en la rue neufue nostre Dame, à l'enseigne sainct Iehan Baptiste prés saincte Geneuiefue des Ardens.

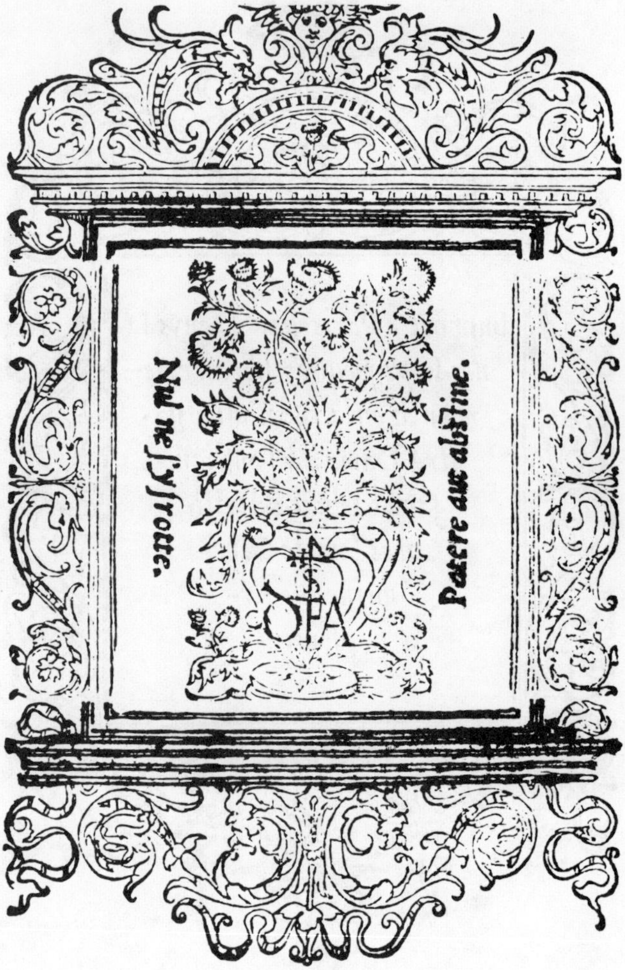
Nul ne s'y frotte.
Pascere aut abstine.